台灣歷史影像

THE HISTORICAL IMAGES OF TAIWAN

楊孟哲●編著

藝術家出版社

台灣歷史影像

THE HISTORICAL IMAGES OF TAIWAN

楊孟哲◉編著

藝術家出版社

目　錄

一八九五年日軍記錄下的台灣

　　本書呈現的歷史影像全是清光緒廿一年（西年一八九五年）侵台日軍所拍攝的。當時日軍已先後登陸澎湖和台灣，清朝官兵紛紛逃走，留下台灣百姓自動組成抗日義勇軍和鎮守台南的劉永福黑旗兵合作，對日軍展開轟轟烈烈的血戰。黑旗兵於光緒十年（西元一八八四年）的中法戰爭中，在安南（越南）擊敗法軍而一舉成名。當時在下關條約發佈之前，日軍已先佔領澎湖群島。而後，從今台北縣貢寮鄉的澳底登陸，於瑞芳的小粗坑與清兵首次激戰。台灣巡撫唐景崧，當時是台灣民主國的大統領，由於賞罰不明，前線軍隊譁變，以致日軍從後山攻入基隆。日軍因在小粗坑一戰傷亡極大而惱羞成怒，乃在基隆獅球嶺土地廟前展開大屠殺，將無辜百姓綑綁，以武士刀砍殺後踢落山崖。此次暴行顯露出日軍殘酷本性，使台灣人永久難忘。

　　日軍由基隆前進台北府城，五月十二日，民婦陳氏自城樓上通報日軍，清兵已無力反抗，故可安然入城。於是打開城門，引導日軍進入城內。日軍佔領台北城後舉行始政紀念日後，即刻揮兵南下，途中遭遇抗日游擊隊頑強反抗，其中有不少女兵，以今桃園縣平鎮市客家女兵為數最多。在嘉義竟發現有身著戲劇中女將裝束者壯烈成仁，令日軍佩服不已。當時日軍誇口三個月內將征服台灣，然而估計完全錯誤，日軍死傷慘重，因病身亡者更多。在此情形下，日本海軍就開始支援陸軍作戰，從布袋港、屏東、枋寮、東港附近強行登陸。由於背腹皆敵，黑旗兵終於挫敗，劉永福求援無門後潛逃中國大陸。在所有抗日游擊戰中，太魯閣原住民作戰最為頑強，日軍不得不動用海、陸軍全面攻打南部地區，勉強獲得勝利。其次，以屏東客家六堆之作戰最為激烈，致使日軍以妥協、談判方式委曲求全而獲解決。直至屏東林少貓被騙，為日軍所殺害，游擊戰才真正結束。台灣人民武裝抗

日，長達八年之久。所有抗日游擊戰中，戰況最爲激烈的，就是彰化八卦山之役。此役苗栗秀才吳湯興的游擊隊，在八卦山與日軍激戰三天三夜，不幸全軍覆沒，吳湯興亦壯烈犧牲。消息傳出，吳妻立即上吊自盡，夫妻雙雙爲國殉難。日軍近衛師團長北白川宮能久親王也被游擊隊刺殺後身亡，相傳就在彰化附近。台灣光復以後，如吳湯興夫妻者，由於無親族任官或爲民代，所以得不到政府的特別褒揚，此事頗爲人民所非議。

台灣淪爲日本帝國主義的殖民地長達半世紀之久。統治初期，以「工業日本、農業台灣」爲其經濟政策。但九一八事變後，日軍佔領中國東北，準備和歐美列國作戰，深恐台灣海岸被封鎖時，無工業品可用，於是開始台灣的工業化，大肆開發水力發電，建設公路網，同時建立起煉鐵、水泥、紡織等工業，而奠定了此後台灣工業發展的基礎。光復以後，有些人津津樂道「黃金工業化論」，認爲政府自中國大陸撤退時，運來大量黃金因此造成台灣今日在工業上的成就。這樣的說法實爲荒謬可笑，假使黃金眞能發展出來近代工業，如此古代專制君主擁有的黃金最多，爲何他們不發展近代工業？

清光緒廿一年（西元一八九五年）台灣淪爲日本帝國主義殖民地距今已一百週年，本書所展現珍貴的日軍攻台紀錄圖像，全部都是文化工作者，國立台北師範學院美勞教育學系楊孟哲老師多次往返日本，千辛萬苦蒐集而來的。此批歷史影像極具文獻價值，有助台灣史料研究，同時亦足以令人懷念先烈忠勇的事蹟。

林衡道 1995 · 10月

台灣史的決定瞬間

　　台灣近代史的分水嶺在中日甲午戰爭。甲午之戰至今歷經百年歷史，其對日本與台灣的影響旣深且遠！

　　從日本人的立場來說，福澤諭吉是日本近代初期最了不起的啓蒙思想家。他的「文明開化」思想，一方面要打破日本長期以來的封建制度期待「個人獨立」，另一方面則在西方列強的外力壓迫下追求日本的「國家獨立」。就因爲福澤的文明開化邏輯，使日本國民深信當時日本出兵朝鮮的謀略，具有復興亞洲的正當性，因此認爲日本對清朝開戰，是一場「文明」對「野蠻」的戰爭。

　　然而如果不追隨日本人的觀點，而從台灣人的角度審視，這段歷史可能有截然不同的詮釋方法。甲午戰後日本獲得兩億三千萬兩賠款，相當於其歲入四倍，使日本的「殖產興業」的工業化得以順利進行。身爲殖民地的台灣，第一種角色首在提供日本工業化後短缺的糧食，日本靠台灣廉價的米糖，平抑物價、壓低工資，加速資本的累積與工業的擴充。一九三〇年代，隨著日本帝國戰時體制的推進，台灣開始發展軍需補給工業，作爲日本「進出」東南亞的跳板。

　　戰勝的日本人稱此次戰爭爲「聖戰」，戰敗的中國稱呼這是「不義之戰」。想一想，中、日兩國都是爲了爭奪朝鮮的支配權才引起戰爭，因此根本無所謂「義」與「不義」的差別，只有「得利」與「未得利」的結果。日本獲得賠款和台灣的統治權，以及在中國境內的領事裁判權、關稅協定、最惠國待遇等特權，無疑是最大的贏家。台灣呢？被捲入此一風暴，成爲日本的殖民地，被日本統治五十年。結果是得還是失，在此言論自由的時代，見仁見智。

　　或謂：若沒有日人在台的經營，台灣絕不可能如此快速步上「現代化」的道路。然而，殖民期間的工業化是台灣人的血汗築起的，領

導的日本人完全是為了日本本土的利益經營台灣。一九四五年八月日本投降之後留給台灣的工業化遺產，是戰敗國不得已的放棄，絕非善意的贈與。日本人最不善意的表現，在於統治台灣五十年期間，沒有培養台灣人的行政與企業管理專才，以至光復後還必須有一段學習的期間，才得以經濟起飛。除此而外，日本人限制台灣人使用母語、廢報紙漢文欄，禁止民間的木偶戲、皮影戲，拆除孔子廟、關公廟，燒卻佛壇牌位等等。這段殖民經歷割裂了台灣的歷史，目前台灣社會最主要的族群衝突更肇因於此。日本統治台灣的得失，恐怕不可一味地稱讚日本人恩賜給台灣的「現代化」吧？

甲午之戰毫無疑問地是歷史的轉捩點，它改變了所有台灣人的命運。戰爭百年之後，政治學者與史學家仍努力埋首書卷，意圖站在台灣的立場，重新勾畫出這段歷史的真相。雖然文字上的建構已略具規模，但在讀者腦海中所產生的歷史形象卻顯然不足。畢竟「了解歷史」與「體會歷史」，是有一段相當長的心理距離。

正因為如此，楊孟哲先生以圖像形式所表達的「台灣史的決定瞬間——一八九五年甲午戰爭台灣的告白」，更能顯出其不凡的歷史意義。本書的出版如引發一股台灣史風潮，吸引更多人加入台灣研究的陣營，則能不負所願，而有厥偉的貢獻！

楊孟哲的心血結晶

　　一九九五年四月十七日，是滿清割讓台澎給予日本的「百年祭」日子。當日《自立晚報》曾特別加印一大張整版的專輯，藉此回顧這段百年前的慘痛滄桑史，希望朝野有心人士能記取教訓，得共同疼惜這塊曾淪為異族殖民統治的傷心地，不要再重蹈先人所遭遇的覆轍。

　　這分名為「馬關條約百年祭」的特刊，除了筆者與莊永明曾提供不少圖文協助之外，孟哲兄所發表的第一手老照片最是引人注目的焦點所在。事實上，當日除了《自立晚報》印製專輯，連銷路極為可觀的《聯合報》、《自由時報》也都以滿版的極大篇幅登出了令人震撼的精彩圖文，分別以＜老照片說甲午情事＞（發表在「鄉情版」）、＜讓鏡頭忠實呈現悲情一八九五那段血染的記憶＞（發表在「藝術文化版」），使得政府有關部門似乎亟欲淡化處理此一令人感傷的日子，竟因孟哲兄公開了他耗費數年寶貴光陰的收穫而發生轉折點，讓廣大讀者群因此接受歷史的事實。這批詳實記載台灣苦難一頁的影像，除了獲得國立歷史博物館隆重公開展覽外，連國立台灣大學圖書館也予以典藏傳世。如此「善有善報」的善果，相信是孟哲兄在過去申請文建會補助碰壁時，近乎「求援無門」的際遇中難以想像的。

　　孟哲兄一直希望筆者多所著墨，對於其在藝術家出版社的新著上「美言」推薦；然而，綜觀坊間各報章雜誌有關孟哲兄的記實，不管是《聯合報》稱謂的「小人物狂想曲」、《自由時報》指稱其「為填

補台灣歷史佚失奔走的攝影家」、日本《朝日新聞》美譽「亞細亞之友」、或者正像《日本文摘》有感而發之記載「我們也衷心期盼有更多像楊孟哲這樣熱忱的台灣人」，最後《中國時報》藝文頭條「百年前日軍攻台文史圖料，文建會無動於衷」了結孟哲兄，委實道盡了傳播媒體對其默默耕耘的卓然成就之肯定。

　　的確，台灣這塊傷心地是需要更多類似孟哲兄的人物默默奉獻，這本書的問世，象徵著「一分耕耘、一分收穫」，筆者除敬表由衷感佩之意，同時也慶幸「江山代有人才出」，誠為可喜！可賀！

蔡漢勳

自序

甲午戰爭的失敗是中國的悲哀,也是台灣永遠的痛。自古以來日本稱呼中國為「天朝」,從聖得太子赴唐朝求教開始,日本的歷史即深受中國影響,而一場由朝鮮人東學黨所引發的事端卻激起了甲午戰爭,成為中國近代最大之恥辱,更改變了傳統中日歷史情誼。

清末國勢陵夷,歐美列強以強大軍事武力為後盾,牟取中國利益,在外交上採取威嚇手段,擴充對中國領土之瓜分。百姓貧窮、生活困苦,滿清大帝一成不變的政策使國家瀕臨滅亡。

相對於大和民族,明治天皇提出維新論,採取西化政策,以西洋文明為藍圖,富國強兵、強化財政,鼓勵放洋學習,對外吸收軍事現代化,革新產業技術,由於改革成功、日本逐漸趕上歐美列強。清光緒二十年(西元一八九四年)爆發甲午戰爭,日本在明治維新下順利脫胎換骨,成為軍事強國。新興的日軍自同治十三年(西元一八七四年)征台之役後相隔二十年,對清朝的另一次戰勝,更實現了從前豐臣秀吉征明朝,取台灣之夢想與使命。

兩國正式開戰,日本明治天皇親赴大本營廣島作戰,督勵士氣,日本聯合艦隊和清朝北洋艦隊在威海衛正面激戰,不久北洋艦隊隨著夕陽殘餘退回旅順港,清朝完全失敗。而野心勃勃的日軍,取得威海衛及山東半島治海權,立刻另組艦隊,由曾經攻台(牡丹社事件)的陸軍比志島大佐率領混合技隊,在伊東司令帶領下,於光緒二十一年(西元一八九五年)三月十五日由九州佐世保軍港出發,九天後(二十三日)到達澎湖,展開攻擊、掠奪,並佔領媽宮城及澎湖群島。清朝官兵無力相抗,紛紛臨陣潛逃,澎湖變天因此成為日軍爾後攻台之大本營。

同年四月十七日雙方發布下關(馬關)條約,台灣和澎湖諸島成為日軍戰利品。而後台灣島民在抗日情緒下獨立建國,由台灣末代巡撫唐景崧為大統領,終極戰將劉永福為大將軍,成立亞洲第一台灣民主國,正式對日抗戰。日軍同年五月二十九日決定奪取台灣,自台北

縣貢寮鄉鹽寮登陸，島民不分種族、地域、男女老少，共同奮力大戰侵略者。護土愛鄉，犧牲奉獻，血淚斑斑。在日軍強大軍事支配下，義勇百姓犧牲者，被掛上反亂、土匪等罪名；民族英雄、愛鄉志士總稱草賊，雙方攻防之中死傷慘重，遠遠超出中國戰場之激烈。島民頑強抵抗，奮戰不懈，令人尊敬。日近衛軍團團長北白川宮能久親王，雖擁有現代化武裝，終不敵島民反日勇猛決心，最後被抗日義民軍所殺害。

　　數百年來，漢人橫越黑水溝和台灣原住民生死與共，成為命運的共同體。今年正逢甲午戰爭後台灣與日本終戰五十年紀念，回顧五十年間的殖民政策，先民犧牲奮鬥過程中，接受不平等及種種差別待遇。初期日軍採取軟硬兼施策略，有效的控制島民，自古即有「三年一小反、五年一大亂」之習性，而後日本大舉進行皇民化運動，企圖將島民做徹底改造與消滅。當時台灣島民良知人士，喚起保台意識成立文化協會，以筆墨為武器，博得世人尊崇。

　　台灣慘痛的歷史，透過百年前日軍隨軍記者所記錄下珍貴影像，讓我們再次回溯到歷史記憶中。影像發明是提供了人類能夠記載萬物的一項偉大貢獻，一張寶貴歷史影像，勝於一切文字的雄辯，文字可以編改，而影像中的事實與價值是可貴的真理，它能豐富地表達人間百態及人性行為，再經由歷史影像之考證，對於人類文化歷史的淵源及發展更可以得到驗證，透過百年來古今歷史現場實景之對照，對於史實和記錄社會人文變遷提供瞭解及恢復記憶和反省的機會。

　　台灣四百年來，不知多少先人犧牲奮鬥所換來的光芒與榮譽，在面臨台灣新的旅程，將如何對待，是我們最大的課題，從過去與未來，更顯現出台灣的重要性。

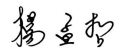

　　面對一張張泛黃的老照片，心中是否百感交集？彷彿有一股莫名的感動，或是一陣無名的感傷，沒錯，它是澎湖、台灣一百年前及一百年後的模樣。在大部分人的記憶裡，它是模糊不清，且相當地陌生；在你翻開頁章之後，也許你會有些許驚動不已，呈現在你眼前的珍貴影像，是歷經八年歲月千辛萬苦蒐集而得。它曾經散落於日本各地，今天，它要帶你乘著時光隧道，回到一百年前歷史現場，探訪統治者及抗日先人的足跡，感受台灣古老的傳奇，更讓我們一起來分享它重生的喜悅。

一八九四年
朝日新聞

● 一八九四年八月一日為甲午戰爭
正式開戰日，圖為朝日新聞八月四
日所發刊的內容。

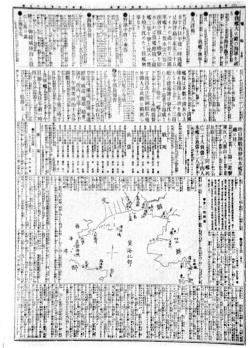

● 一八九四年八月一日為甲午戰爭
正式開戰日，圖為朝日新聞八月四
日所發刊的內容。

甲午戰爭爆發

　　十八世紀後半，社會經濟產生重大變化，特別是歐洲資本主義興起殖民思想，積極採取侵略主張向世界擴展本身勢力範圍，逐漸延伸至非洲大陸及亞洲諸國，使得民族國家遭破壞，文化遭摧毀，人民生活更加困苦，成爲列強的半殖民地。

　　東方的新興國家日本，自明治維新以來締造了相當大的成就，而被稱爲「東方之虎」。清光緒二十年（西元一八九四年）四月，朝鮮國各處興起反西洋運動，由農民所組成的東學黨，以保護東方傳統文化爲由激起反動勢力，驅逐地方官吏漸向首都京城方面擴大，朝鮮陷落於猖獗勢力之中，而朝鮮政府卻無力以對，因此請求清朝援助平亂。大清派兵遣將抵達朝鮮首都南邊牙山登陸，準備援護動亂，而日本受到當時歐美列強帝國主義影響，欲想在亞洲大陸瓜分統治，於清朝出兵朝鮮之際，日本明治政府亦蠢蠢欲動，但實無藉口，於是利用日韓清浦條約，以保護日僑、敦睦鄰邦之由，先後派兵抵朝鮮仁川，後駐守首都京城外，以強大的現代化軍事武力爲後盾，藉東學黨之亂，觀察日清情勢。另在外交上採取威嚇手段，達到擴充領土的目的，再以軍事武力實現欲併吞朝鮮之夢想，牟取中國大陸利益。日清兩國在朝鮮東學黨之亂，農民運動引爆下，於光緒二十年（西元一八九四年）八月一日正式爆發了甲午戰爭，最後台灣竟成爲戰敗國的犧牲品，從此淪爲日本殖民地長達五十年之久。

● 豐島海戰　（明治二八年日人所繪）

● 朝鮮首都京城外日軍　（朝鮮）

● 平壤城外清兵營地棄守　（朝鮮）

● 平壤之役被日軍俘擄之清兵　（朝鮮）

● 平壤城外玄武門前被吊死之清兵　（朝鮮）

中國大陸遼東半島篇

日本在明治維新順利展開之後，積極推動軍事現代化。海軍採取英國式教育，大量吸收英式海軍優點；而陸軍初期學習法國模式，在德法戰爭之後，改採取德國陸軍教育系統。聘用軍事顧問指導，成功地改制日軍軍事教育，改良舊式軍備，順利新編七個師團。

甲午戰爭爆發之際主張德式教育，由建軍功臣山縣有朋結合日軍第三、第五師團成立第一軍。九月由東京出發進兵朝鮮，同月十五日攻擊駐守平壤城的清兵，二天之後破城而入，清兵棄守退居防守中、朝邊界鴨綠江，並得兵援。不幸日軍順利渡河成功，佔領遼寧省鴨綠江附近的九連城後，再奪取滿卅海城、鞍山、牛莊、營口，清兵損失慘重，遼東半島陷入日軍掌控之中。

● 旅順之役　（明治二八年日人所繪）

20

• 日軍進攻牛莊
（中國遼東半島）

• 牛莊之役清兵戰亡
（中國遼東半島）

• 牛莊城陷落，清兵慘死
（中國遼東半島）

• 日軍進兵田莊台砲陣地　　（中國遼東半島）

• 海城棄守，日軍由北門進城。　　（中國遼東半島）

● 鞍山城外日軍驛馬站　（中國遼東半島）

● 乾泉堡與鞍山間日軍軍用電線　（中國遼東半島）

• 海城西門外腺甲山日軍砲陣地 （中國遼東半島）

中國大陸山東半島篇

甲午戰爭爆發，清朝擁有大量兵馬及現代化的北洋艦隊，從軍力上比較，海陸兩軍人數，清朝確佔優勢，但開戰後清兵卻毫無反抗能力。軍令指揮系統紛亂，裝備及編制訓練不夠精良，及政治社會體制封建，動員不足，民兵多過正規軍，是失敗原因之一。

兩國正式宣戰之前，朝鮮的成歡牙山之役及仁川港外豐島之役，清兵海陸兩軍皆敗，奠定了日軍侵略中國大陸之途。由日將大山巖所率同第一、第六師團於十月初組成第二軍，進兵攻打遼東半島，自南岸的花園口登陸，和清兵發生激戰後佔領該地，再兵分二路進擊金州及大連，於十一月二十一日攻進中國最重要軍港——旅順港。

旅順港號稱黃金港，是清朝不惜巨資所建，擁有最現代化的軍事要塞，為保護京城之窗，不料僅二天時間即被日軍摧毀，清兵棄械逃命，固守旅順港諸砲台及軍火庫淪落日人手中，黃金要塞潰不成軍。日軍控制旅順港之後，乘勝追擊，北洋艦隊最後之據點位於山東半島的威海衛軍港。

清光緒二十一年（西元一八九五年）二月十二日，北洋水師提督丁汝昌，向日軍連合艦隊伊東祐亨司令繳械投降，修書並請求日軍善待清兵，准許歸鄉，事後丁汝昌服毒殉亡，知恥、知罪，是清朝晚年難得忠勇之將。因此博得日軍尊重，最後以軍禮哀悼，以擄獲的清艦之一「康濟號」，護送丁汝昌遺骸回鄉，令人感嘆。

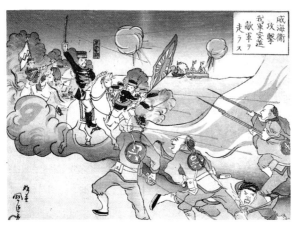

● 威海衛之役（明治二八年日人所繪）

• 日軍登陸花園口光景
（中國遼東半島）

• 日軍登陸花園口光景
（中國遼東半島）

• 金州城外日軍兵站醫院爲清
兵治療
（中國遼東半島）

• 金州城北門樓閣 （中國遼東半島）

• 金州城外審拷清兵將士
（中國遼東半島）

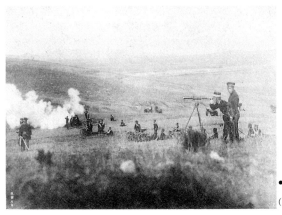

• 日軍攻擊旅順方家屯
（中國遼東半島）

• 被佔領下的黃金砲台（其一）　（中國遼東半島）

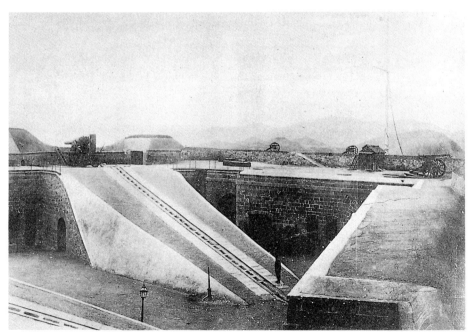

• 被佔領下的黃金砲台（其二）　（中國遼東半島）

• 旅順軍港北洋艦隊船塢　（中國遼東半島）

●被日軍所捕獲的「鎮遠艦」 （中國遼東半島）

●旅順北洋艦隊魚雷局 （中國遼東半島）

• 旅順魚雷局工廠　（山東半島）

• 大連灣枾樹屯棧橋

• 大連灣外日軍連合艦隊

• 榮城縣龍睡灣日軍登陸光景（其一） （山東半島）

• 榮城縣龍睡灣日軍登陸光景（其二） （山東半島）

• 日軍登陸龍睡灣後進兵榮城實況

• 威海衛被佔領下東門大成殿日
軍舉行慶功會
（ 山東半島 ）

• 丁汝昌請命下清兵回鄉
登船光景 （ 威海衛 ）

• 丁汝昌請命下清兵回鄉
登船光景 （ 威海衛 ）

甲午戰爭

　　據日軍記錄，自甲午戰爭開戰以來，日軍總計為七個師團，動員兵力達十二萬人。海軍軍艦二十八艘，水雷艇四艘，總計約五萬七千噸。而清朝陸軍含步兵、砲兵、騎兵達三十萬人。開戰後再重新編制部隊約六十萬人之多。海軍巨艦二艘，其他軍艦總共二十五艘，總噸數超過日軍。可惜拱手讓日軍取得甲午戰爭主控權，日皇臣子主戰派福沢諭吉更要求繼續揮兵佔領北京首都，反對談判。最後清朝不得不求助列強諸國，居中協調，簽下中國近代最大之恥——馬關條約，欲賣台求和。

　　圖中為兩國忠勇將士為國犧牲戰死沙場。所謂四海一家皆兄弟，世界大同、和平共處，也許只是口號，戰爭與和平大概是人類永遠的謊言。

• 清朝北洋艦隊中由英國所製造的鎮遠艦

● 甲午戰爭兩國海軍於黃海海戰圖

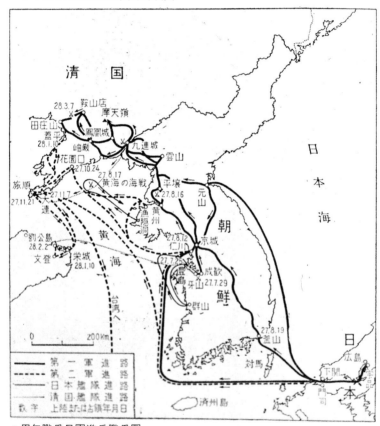

● 甲午戰爭日軍進兵戰爭圖

• 清朝船橋里堡壘清兵犧牲者（其一）

• 日軍和尚爲戰亡者舉行法會

丁汝昌與伊東祐亨

　　甲午戰爭後，日軍連合艦隊司令伊東祐亨護送陸軍第一軍任務之後，於清光緒二十年（西元一八九四年）九月十七日和清朝北洋艦隊旗艦「定遠號」等主力艦，在水師提督丁汝昌率領下，兩軍在黃海展開正面激戰。不幸日軍取得制海權後，清朝海陸軍節節敗退，雖然企圖振作反擊作戰，最後仍然失敗投降，敗將丁汝昌被朝廷革職。圖中敍述革職留任北洋水師提督丁汝昌與日本連合艦司令伊東祐亨，兩軍交戰下的筆墨遺跡。

　　從伊東威嚇文詞中，顯現日軍已經掌控戰局優勢，且同意敗將丁汝昌請求，並特別以英國爲見證者給予清兵優惠。然而丁汝昌回函信中明記伊東所贈予禮物三件奉還（兩國有事不敢私授，僅以璧還。），回拒誘惑，這是丁汝昌最後絕筆之一，日期爲華曆（農曆）正月十八日。可謂君子之交，以誠信相許，留下難能可貴的事蹟。丁汝昌不久後飲毒自盡，不愧爲大將之風，受世人所尊敬，寫下甲午戰史上最感人的一面。

● 北洋艦隊投降　（明治二八年日人所繪）

• 清朝北洋艦隊水師提督丁汝昌

• 日本連合艦隊司令伊東祐亨

伊東軍門大人閣下頃接覆函深為生靈
感激承
賜禮物際茲兩國有事不敢私受謹以
璧還並道謝悃來函約於明日交軍械
砲台船艦為時過促因兵勇卸繳軍裝
収拾行李稍需時候恐有不及請展限

定於華曆正月二十二日起由
閣下進口分日交收劉公島砲台軍械並現在
所餘船艦決不食言耑此其覆請
台安諸希
垂察不宣
外繳呈惠禮三件
丁汝昌頓 正月十八日

• 北洋水師提督丁汝昌自殺前書信及官印

41

革職留任北洋海軍提督事既鎮全軍于為
洽會事照得本軍門前接佐世保提督來函只因
兩國交爭未便具覆本軍門始意決戰至船沒
人盡而後已今因欲保全生靈願停戰將在島現
有之船及劉公島並砲台軍械獻與

貴國八求勿傷害水陸中西官員兵勇民人等命並
許其出島歸鄉是所切望如彼此允許可行則請
英國水師提督作証為此具文洽會

貴軍門請煩

查照即日見覆施行須至洽者
右
洽
伊東海軍提督軍門

光緒
二十
十八
日

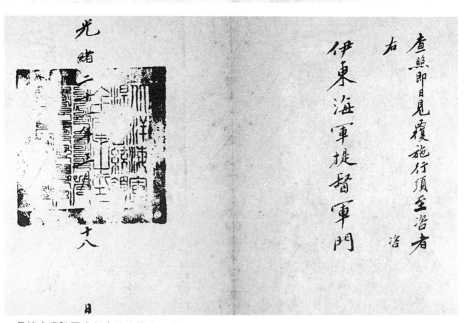

• 日連合艦隊司令伊東祐亨答應丁汝昌要求厚待清兵的回函書信及簽名

李鴻章與伊藤博文

　　李鴻章是清朝對日談判全權代表，清光緒二十年（西元一八九四年）甲午戰爭爆發，清朝失利，請求英美列強居中調停。清朝首派張蔭桓、邵友濂爲對日全權代表，被日帝所拒，後改由北洋通商大臣兼直隸總督李鴻章處理對日談判。

　　光緒二十一年（西元一八九五年）三月二十日李鴻章抵達日本下關舉行首日會談之後，於三月二十四日第三回會談結束回旅館途中，遭日本人小山豐太郎槍擊，震驚列強各國，日皇特派帝醫總監佐藤監護治療。照片攝於四月十四日旅館會客室，圖中臉部右眼創傷未癒，容貌憔悴，在帝國壓迫下李鴻章表情充滿著無奈、若有所思，所謂弱國無外交，象徵著滿清末年中國屢戰屢敗，瀕臨亡國邊緣，發人省思。

　　伊藤博文爲日方簽定下關（馬關）條約的全權代表。日明治維新以來，伊藤就任首任內閣制總理，解放地方體制，實行中央集權，創設國會，擁護天皇體制，鎮壓人權鬥士，制定帝國憲法，提倡歐化運動，並創設華族（貴族院），台民辜顯榮於一九二三年升等（華族），完全拜伊藤之福。伊藤被任命爲明治天皇最高顧問，官任樞密院議長，對日帝盡忠盡孝，歷經四次組閣，主導殖民政策，打敗清朝佔領台灣、吞併朝鮮，獲取清朝滿州利益、擊敗俄國等。最後伊藤於哈爾濱被朝鮮英雄槍殺身亡，是明治以來日本最傳奇人物之一。

●馬關條約清日兩國全權代表　（明治二八年日人所繪）

● 李鴻章

● 伊藤博文

下關談判會場圖

• 日本下關春帆樓談判會場外觀

• 春帆樓談判主要會場

• 清朝全權代表李鴻章住宿旅館外觀

• 李鴻章住宿寢室

• 李鴻章寢室外的應接室

• 李鴻章談判休憩室

• 李鴻章會見室

一八九五年朝日新聞
一台灣割讓

• 朝日新聞五月十三日特刊記載馬關條約全文

澎湖篇

• 媽宮城之役　　（明治二八年日人所繪）

　　媽宮城又稱光緒城，建於光緒十三年（一八八七年），由澎湖總兵吳宏洛歷經三年完成。媽公城有六門，東爲朝陽門，西爲大西門，是唯一不蓋敵樓的城門，南爲即敘門，北爲拱辰門，小西爲順承門，小南爲迎薰門，現僅存順承門，日軍佔領後被摧毀，祇殘留四分之一的城廓。圖爲日軍佔領澎湖後所紀錄，畫面左方是東朝陽門，現今民生路與民福路之間，最右邊中央爲拱辰門，位於民生路西端與民族路交叉之地。

澎湖進士第

現今景觀

　　背景為開澎進士蔡廷蘭之宅，蔡廷蘭為澎湖第一位進士。蔡進士一生傳奇故事很多，有一年乘船至廈門，途遇颱風，漂流至越南，越南國王在順化的王宮以上賓招待。日軍佔領澎湖後，於蔡進士門前所留下一張紀念照。

　　台灣俗語說「秀才遇到兵，有話講不清」。圖左三老人口含煙斗，神情自在。身旁少女含情脈脈。右方日軍，右手持軍刀，左手插腰，得意洋洋，郎才女貌彷彿一張全家福紀念照。

51

　　四月十七日簽訂馬關條約，日軍為有效控制中國南方海域，斷絕軍事物資，三月十五日於日本九州佐世保軍港，由伊東中將率領，三月二十三日選擇較無防衛平坦之地，強行登陸澎湖裡正角。當時駐隘門之幫帶梁化悅，率領部隊與日軍在太武山、拱北山各地激戰。圖中遠處是澎湖虎井里，日艦在海上砲擊，濃濃白煙驚動雲層，日順利搶灘，從此澎湖淪陷五十年，成為日帝攻台的一個跳板。

現今景觀

　　此大埋葬場位於媽宮城的東門外，一八九四年三月二十五日比志島大佐率領日軍佔領澎湖後，戰役僅短短三天，雙方並無特別激烈對抗，反而日軍染上傳染病，死傷慘重，近千人之多，事後於當地文澳附近合葬，設立大埋葬場，俗稱千人塚。

漁翁島燈塔

現今景觀

　　漁翁島又稱西嶼，清代列「西嶼落霞」爲澎湖八景之一，其燈塔爲清乾隆四十三年（一七七八年）由台灣知府蔣元樞同澎湖通判謝維祺所建，光緒元年（一八七五年）間，英國駐台領事奉清廷核准將其改建爲西式燈塔。由於地勢高，且位於西嶼島最南端，可眺望千里，自古爲通商航海之地標。日軍佔領後高掛日丸旗，圖前英式平房，戰後廢除，僅保留下後方辦公室、旗桿、主燈等部分建築，現爲二級古蹟。

　　日軍佔領澎湖後，因水土不服，染
瘧疾死於非命者逾千人，後統治期間大
力推廣環境衛生，興建澎湖醫院，實施
台灣總督府官制直接管理。圖中日丸旗
與紅十字旗交叉，可見日軍對於疾病死
亡之重視。

　　圖中日本兵因天氣炎熱，身著白褲，頭頂白布，驅除暑熱。當時並稱當地鄉下人爲「土民」，在畫面上一字排開，充滿平安和樂氣息。

　　媽宮城東門朝陽門，自古是媽宮主要通口，日治時代填海造港之便，拆除城牆。媽宮城六門
由於時代之變遷，今只剩西邊的大西門（今之中興門），及順承門（小西門）而已。

日人選擇白沙島作爲登陸的地點，是因其地處中間，爲澎湖區域防禦上最薄弱的地方。

　　日軍在澎湖媽宮東北角附近偵察地形。圖片正中島影爲四角仔，其左爲風櫃尾。最右方爲金龍頭。陸地上有許多白色堆物，爲澎湖特有牛糞堆可當燃料使用。

澎湖水雷營

　　古云「蓋澎湖爲台灣四達之咽喉，外衛之藩屏，先取澎湖，勝勢已居其半。」自清康熙二十二年（一六八三年）施琅輕取澎湖之後，戰略地位重獲重視。日軍攻佔後，光緒二十一年（一八九五年）三月二十三日登陸，第二天由東衛、文澳一帶進兵媽宮，清軍反擊無力，日軍以現代化軍事裝備，冒險由朝陽門入城，奪取軍火庫、水雷營，控制全島。其遺址現位於馬公民權路上。

　　背景應爲澎湖，因其屋簷四角柱子的建築與金門相同（澎湖居民皆來自金門）。清光緒二十
一年（一八九五年）二月，日帝取得中國威海衛及山東半島治海權之後另組艦隊，由曾攻台之牡
丹社，比志島義輝大佐率領混合支隊，在伊東司令率領下，於三月二十三日砲擊澎湖島。清將清
海隊營郭潤馨於二十五日率同敗兵投降，日本人對於當時投降的兵都給予特別優待。圖中著長褲
者應爲武官，其餘則爲文官，一字排開、神情悠悠，不知所措，趣味十足，彷彿是幅畢業紀念
照。

現今景觀

　　媽宮城內的老式民房，雖然建築材料與金門不同，但型態上模仿金門，當地稱爲「金門厝」。當時澎湖軍隊中的同鄉會林立，如南澳會館、銅山會館、海山會館等。圖片中右方城牆突出建築爲現已無存的大南門。

64

現今景觀

　日本海軍佔有媽宮時，得意洋洋的情景。

　　圖中遠處凸出小島爲雞籠嶼，後方爲烏山島、風櫃尾。日本軍隊自明治維新以後，陸軍和海軍的鬥爭不斷，直到太平洋戰爭時結束。當時陸海軍協議結果，台灣歸海軍防備，朝鮮及滿州歸陸軍防備；台灣防務概由馬公要港司令部負責，陸軍在台不得設立司團，只能設置聯隊。聯隊分別分布於台北、台中、台南，其遺址在現今台北的中正紀念堂、台中的干城營區、台南的成大光復校區。

　　馬關條約未簽定之際，清光緒二十一年（一八九五年）三月十五日，日軍從佐世保港出發九天後，抵達澎湖島東南方裡正角登陸。漁翁島西嶼砲台首先開砲反擊，命中佔領媽宮城外的日軍，同年三月二十五日日軍完全控制澎湖，後來據日軍估計在此戰役中，西嶼砲台僅發射一砲而已。

現今景觀

　　天南砲台又稱「金龜頭」砲台，該砲台的大砲為英式Arm　Strong砲，是當時全世界最好的大砲。清光緒十四年（一八八八年）繼建媽宮城後而建造，目前為軍事重地，不對外開放。現今大砲已無存，只殘留砲台而已。

　　圖中背景爲媽宮城內，日軍比志島大佐所率領的現代化技隊在佔領澎湖島後，點收槍械彈藥的情景。日本的明治維新締造了相當的成就，當時著名學者福澤諭吉主張，以西洋文明爲藍本，爲未來日本文明進步之依據。維新成功，使日本逐漸趕上歐、美列強，但日本最後卻走上侵略、戰爭的軍國主義之路。

　　此圖亦爲日軍佔有馬公，在城內紮營時的情景，左方洞門爲大西門，西門是所有城門中唯一無城樓者。

現今景觀

　　漁翁島東嶼砲台，亦為一英式砲台。漁翁島砲台有二，一為東嶼砲台，一為西嶼砲台，西嶼砲台今已列為古蹟，而東嶼砲台仍為軍方使用。自古澎湖戰略位置非常重要。清光緒十年（一八八四年）中法戰爭後，清朝重新評估其戰略的重要性。劉銘傳奉命籌劃台灣防務，興建十座砲台，澎湖島嶼優先設立四座砲台。

現今景觀

其為日軍佔領清兵所遺留的物資
。遠處可見港灣內的日軍軍艦。圖中
由旗桿可判定為衙門建築，留有江南
系的山牆。當時清代朝廷規定當地人
不作當地的官，所以衙門官員皆為外
地人，他們都聘請家鄉的工匠來建造
衙門。

漁翁島外垵鄉陸戰隊營地及燈塔光景

現今景觀

　　外垵是一漁港，爲西嶼的大聚落。圖中現今山景依舊，建物已改。澎湖各地，樹林罕見亦無法耕種稻米，現在因人口增多更出現夏日缺水的情景。澎湖草木少，因而缺乏燃料，故昔日曬乾牛糞用來燒飯，習以爲常。

　　清光緒十年（西元一八八四年）中法戰爭時，法國遠東艦隊司令孤拔中將，率軍攻打澎湖，由馬公後方的觀音亭登陸，於三日內佔領媽宮城，但中將及眾多士兵卻身染傳染病而病死，法軍因此建墓。日治時代，日人對於中國建築均加以毀壞，但對他國建築皆給予完整保留，後因施行都市計畫，將其遷入馬公市區。

　　明治維新江戶幕府時代，九州藩主鍋島家派人至長崎購買當時非常進步的Arm　Strong砲，將其分解後模造，雖經多次失敗，最後仍仿造成功。圖中砲台在日軍佔領時已遭破壞。位於現今澎湖太武山的圓頂山砲台亦為Arm Strong砲，此地現為軍事要地。

漁翁島西嶼砲台全景

現今景觀

　　西嶼砲台已列名為古蹟之一。澎湖所稱「西嶼東台」比喻漁翁島上西砲台與東砲台是防衛的最前線，可控制船艦進出，確保媽宮內海安全，為極重要的據點。

　　媽宮鎮署即媽公衙門（原清朝的衙門）。日軍佔領後，成爲馬公對台灣島作戰的大本營及最高行政中心。位於現今馬公城隍廟附近。

　　明清時官員皆爲外地人，所謂肥水不落外人田，以至於建築衙門的工匠皆自外地聘請。由圖中便可見江南式山牆、正直站立的北方型門獅，由此可知一般廟宇的門獅非正直站立者，皆爲南方式的門獅。

媽公城北門，現已無存。

　光緒十一年（一八八五年）媽宮城建造完成，和光緒六年（一八八〇年）建造完成的台北府城，屬同時代建築，其風格相類似。

　圖片正中為媽公城北門，後為東嶼，再其後較遠處為西嶼。

現今景觀

　　文石書院爲清代的書院，是當時澎湖唯一的學校。該書院建於清乾隆四十一年（一七七六年），爲澎湖第十八任通制胡建偉所創建。文石書院今遺蹟只剩登瀛樓（圖片右上方）又名魁星閣，登樓可眺見媽公及風櫃各地，風景極佳。

　　日軍佔領後一度將文石書院作爲避病院，圖中除了軍人之外，左右兩邊和尚及十字兵，是專爲死亡戰士超度念經用，圖爲病院解散時的一張紀念照。

澎湖島避病院

　　軍隊的前線醫院稱為野戰醫院，當時日人將其設置於東門即朝陽門外，用布蓬搭建，並無正
式建築。圖後方是媽宮城。

現今景觀

　　媽宮港內海由澎湖、白沙、西嶼三島環抱，內無風浪，為一天然良港，日治時代日軍在此設置要港司令部，後來此地亦為日本海軍的南進基地。

　　圖中左後方島影為西嶼；中間後方島影為金龜頭；中間偏右一列島嶼為測天島，是二次大戰日本海軍軍事基地，圖片最左船隻前所露島嶼一角為乳仔尖，二次大戰末，經常遭受美軍空襲。

基隆・新竹篇

● 日軍登陸雞籠　（明治二八年日人所繪）

現今景觀

　　清光緒二十年（一八九四年），基隆到新竹的鐵路正式通車，成爲台灣交通重鎮。光緒二十一年（一八九五年）日軍佔領當時基隆港停車場，後改建爲英式紅磚外觀的基隆火車站。本圖中的日軍，正在運輸軍火。

現今景觀

　　此圖爲基隆港西岸碼頭。明代傳說自福州鼓山可聽見基隆的雞鳴，也可自基隆山上聽見福州的雞叫聲。雞籠之地名，由台灣巡撫劉銘傳改爲基隆。

　　基隆港三面環山，地形陡峭險阨，天氣陰寒多雨。基隆灣爲天然之良港，由東至西爲田寮港，自西而東是蚵殼港，由南而北稱石硬港，而牛稠港是由西北至東南，俗稱四大港門，形成一體。日治時代，爲日本台灣間航路所謂內台連絡船的終點，更是全台首要軍事基地。

基隆右岸砲台

現今景觀

　　基隆右岸砲台為英式Arm Strong砲台，位於大沙灣。

　　清道光二十年（一八四〇年）記載，台灣道姚瑩稟奏，設十餘座砲台於雞籠。其中大沙灣砲台，在今二沙灣砲台之鄰，今已毀。清光緒十年（一八八四年）法國軍艦進擊雞籠並要求割讓，法軍猛攻岸邊砲台並由大沙灣附近強行登陸，當時所設砲台於中法戰爭中皆發揮火力、保鄉護土大敗敵軍。

86

現今景觀

　　清光緒十年（一八八四年）法軍攻台，當時主持台灣防務的劉銘傳於雞籠南方獅球嶺砲台，加強鞏固海防。日軍攻台期間，由澳底登陸，在瑞芳小粗坑與台灣民主國軍隊發生激戰，但無獲賞犒，因而叛變，日軍趁機由後山進入雞籠。圖中為當時紮營地，位於現基隆火車站廟宇邊，遠處可見太陽旗，為日軍陸海二軍混成技隊臨時營區。日軍據台後特將雞籠列入要塞司令部，配置重兵，擴建港灣設備。

87

　　基隆和平島古稱社寮島，是防守
基隆港、保護北台灣之最佳軍事要塞
。自古以來歷經西班牙、荷蘭、明清
時代，是兵家必爭之地。目前社寮島
砲台由軍方管制，歷史古蹟是否存在
，不得而知。圖中為日軍佔領下所攝
取珍貴砲台模樣。

現今景觀

　　清光緒二十一年（一八九五年）五月三十日，日本近衛師團上岸後進兵三貂嶺，六月二日基隆提督張兆連，會同獅球嶺統領胡連勝迎戰。日軍敗北，損失慘重，惱羞成怒於獅球嶺土地廟口大肆屠殺基隆人民。

基隆港外寺院

　　台灣早期廟宇，皆於廟邊外造牆，目的爲抵禦外敵，宗教上解釋則爲避邪。日據時代，日人認爲外牆阻礙交通，將其拆除，因此從新改寫台灣的廟宇景觀。圖中爲日軍記錄於基隆港市外寺院，目前已無可考據，難以判斷。

　　基隆港是堅守台灣北疆之首要，台北之門窗，古詩中「天然鎖鑰阨東瀛，三百年來局幾。」先人橫越黑水溝，發人省思。位於古基隆港的清朝衙門兵舍早已不存在，清光緒二十一年（一八九五年）成爲日酋北白川近衛團長臨時日軍近衛師團指揮總部。

基隆停車場

　　基隆火車站位於佛祖嶺一帶，清時基隆火車站與現車站位置不同，當時鐵路先向北走，穿過獅球嶺隧道而往八堵，其路線與今日的路線也不一樣。

基隆港稅關官舍光景

現今景觀

雞籠是兵家必爭之地,自鐵路開通取代淡水港,成為台灣第一大港。清光緒七年(一八八一年)法軍企圖攻佔基隆,當時二沙灣砲台擊潰敵軍建功,門額題為海門天險。日軍攻取雞籠後,將西班式的海關衙門,充當臨時台灣總督府,發布軍令。圖中部分建築物已不存在,國民政府來台後,建三層水泥樓房,又稱復興館。現為海關單身宿舍,圖背後山景為二沙砲台。

現今景觀

　　圖中左後方模糊的島影為基隆嶼，其為進入基隆港的地標。清末，有一漳州詔安縣漁船，遇颱風而漂流海上，後以為已至基隆嶼，待至島上取水卻未見基隆，此島實為宜蘭縣的龜山島，詔安漁民因此便留於此地開墾。圖中浮現後方一山嶼為基隆，自古為原住民居住。西為桶盤、東北為雞心、西南稱為獅球，以象形取名。

　　清光緒十七年（一八九一年），劉銘傳建基隆至新竹段鐵路。當時稱火車站爲「票房」，日治以後始將舊式的基隆、新竹等站改建爲現在的英式火車站。圖中攝於新竹火車站日軍司令部前，高掛日丸旗，三步一哨、五步一崗，氣氛緊張。

　　新竹市街日軍兵站司令部，日軍對島民訓話。背景爲一寺廟，其中靠柱站立者爲在台記者赫姆斯，其左方爲日語翻譯樫村。純樸人民戴斗笠、著簑衣，應爲雨後情景（圖中較小的爲福建式斗笠，較大而尖的爲廣東式斗笠）。

淡水篇

● 台灣首任總督樺山資紀抵達淡水港　（明治二八年日人所繪）

現今景觀

　　淡水的滬尾砲台位於紅毛城西半公里處，清光緒十年（一八八四年）該砲台毀於中法戰爭。
而於光緒十二年（一八八六年）由劉銘傳重建以防禦淡水口。此砲台為英式砲台，英式砲台多為
正方形或長方形，有別於法式砲台的多角形狀；如台南的億載金城，日本北海道的五稜廓（呈星
形）。

現今景觀

　　淡水河口景色左為觀音山，右上為八里，而下方為淡水，自古為原住民凱達噶蘭族居住地。
當時居民分布以南北兩山為劃分，北山多為洋人居住，故教會學校、海關、總稅務司等林立；南
山則為傳統本島市街。

現今景觀

　　圖中白色建築爲洋行，日軍佔領後改爲兵站司令部。最後的方山爲平頂（海拔二百公尺），現今爲國華高爾夫球場。清時由台北經此山丘直線進入淡水，與今日由平地進入淡水的路線有別。

現今景觀

　　由淡水市街北望平頂，當時淡水街上房舍皆為紅磚紅瓦所造，高度一致；近平頂山丘處山麓河岸為紅樹林地帶。日治昭和時代淡水有「東方威尼斯」的美譽。

淡水又稱滬尾，早
期泉州漁民以此爲漁港
，築街道於石滬之尾，
故稱滬尾。清初港口在
八里坌，嘉慶初年，因
水患毀壞後遷至淡水。

18,1

現今景觀

　　眺望淡水河口風景最佳位置為奎柔山（平埔族地名），明代西班牙人在此建一城堡，名為聖多明哥（SAN DOMINGO）。崇禎年代，荷蘭人打敗西班牙人，此遂為荷人所有。因台灣人稱荷人為「紅毛」，故又稱之為「紅毛城」。明永曆年間鄭氏驅走荷蘭人，後又經清人在此駐兵。清咸豐八年及十年（一八五八～一八六〇年），天津、北京條約中開放淡水通商。咸豐十一年（一八六一年），英人設領事館於此，城原為西人所建立，但乾隆年間已全毀，後為英人憑想像建造。

現今景觀

　　昔日巡捕即爲今日的警察，主要任務爲維持治安。當時台籍巡捕升遷不易，最高職位僅至巡察捕（即助理巡捕）。圖中背景爲淡水河岸，日軍佔台後積極整頓秩序，訓練本島壯丁共同協助維持治安。

現今景觀

　　圖中洋樓爲英國領事館官邸，官邸後方爲紅毛城，當時爲領事館客廳。官邸的主體爲紅磚所建，四面皆有走廊，爲洋人避暑之用。清光緒二十一年（一八九五年）日軍抵台取得統治權，勢力取代英方。

現今景觀

　　鄞山寺創建於清朝道光二年（一八二二年）又稱汀州會館，會館是社會組織的一種，大陸移民來台初期，其地位頗為重要。非閩南語系移民建立會館，替代宗族祠堂和安頓初抵台灣的同鄉。鄞山寺由汀州人張鳴岡捐建供奉河州的定光古佛，兼做汀州會館，為一典型的中國廟宇，是早期移民者汀州人精神之象徵。

淡水港

現今景觀

　淡水港是古老商港，人文景觀首屈一指，是北台灣文化重鎮。

　圖中淡水河上方為觀音山尾部。尾部箭頭所指處為日人所稱的「淡水富士」，（如南投「富士溫泉」），皆因當時日人思鄉心切，故以此稱之。

　觀音山原名為「八里坌山」，清乾隆年間於此建凌雲寺，供奉觀音佛祖，故又名為觀音山。

台北篇

● 日軍由北門入台北城　（明治二八年日人所繪）

　　始政紀念日。日軍於五月佔有台北，立即成立台北總督府，謂爲始政。圖中爲當時創立開廳
的光景。

台北總督府的後花園。此花園使用建材全為磚頭，與蘇、杭花園慣用的木材完全不同，而與
板橋林家花園類似。花園中的建物、園景呈現出南洋僑鄉文化的氣息。

現今景觀

　　台北城是在清光緒元年（一八七五年）由福建船政大臣沈葆楨奏請設立。城垣竣工於光緒六年（一八八〇年），當時因經費不足，無法建城門，只建有城牆，而城門的建造經費是由門外的百姓各自籌建。台北府城呈南北長方形，最初只有東、西、南、北四個門，然而板橋人抗議，要求必須開一個門向板橋，乃有小南門，因其地置在西南，故稱西南門。

現今景觀

　　巡撫衙門早先就被拆毀，日治昭和三年（民國十七年）爲紀念日皇裕仁即位大典，拆毀布政使司衙門，在其遺址上興建台北公會堂，即今日的中山堂。

現今景觀

　　淡水河畔旁的大稻埕，台北橋位於圖中的左前方。清咸豐十年（一八六〇年）大稻埕開爲通
商口岸，岸邊洋行林立，附近也是領事館設立的地帶。圖中右下方的石階爲台灣砂岩所製成。

現今景觀

　　清代的台灣布政使司衙門和巡撫衙門，日人作爲其總督府使用。直到總督府新廈落成後遷走，日人又使用此布政使衙門爲盲啞學校約十幾年之久，其位置在現今中山堂附近。而此衙門之建築物一部分被搬到現今植物園內。

急公好義坊

現今景觀

　　石坊街（今之衡陽路）因急公好義坊之設置而有此別稱，此石坊已被移置於新公園音樂台後。「急公好義坊」為旌表艋舺富翁洪騰雲，於光緒六年捐建台北府生員考棚而立的。此坊建於光緒十六年（一八九〇年）原立於今衡陽路上，至日據時代，才拆遷至現址。

118

現今景觀

　　北門又稱為承恩門，因為中國的皇帝在北京之故。北門的建築方式與中國傳統建築差異甚大。中國傳統的城門有木製的柱、樑，然而因武器的進步，城門必需能夠抵禦大砲等堅利武器的攻擊，故不用木材，全部以磚、石建造，宛若一座砲台。

119

清光緒二十一年（一
八九五年）日軍佔領台灣
進入台北城，舉目眺望全
城只有四分之一部分爲房
子，餘四分之三均爲田地
。於是決定建設城內爲他
們的官衙區。

總督府庭園

　　始政紀念日，日本軍官攝於台灣總督府後花園內。花園中的欄杆部分，以綠釉空心花磚裝飾，與中國南方建築大異其趣，屬於所謂的番邊文化。當時廈門、漳州、泉州稱南洋爲「番邊」。圖片正中央爲日本能久親王北白川，右邊爲台灣首任總督樺山資紀。

台灣機械局

現今景觀

　　台灣機械局，今爲鐵路管理局。清光緒十三年（一八八七年）台灣設省，台灣巡撫劉銘傳展
開洋務運動，訓練新兵，購買武器。此機械局爲修理火車大砲之用，日人改爲台灣總督府鐵道
部，現爲台灣鐵路管理局。

　　布政使司衙門牌樓在今中山堂
及中山堂門前廣場附近。此牌樓原
在該衙門大門外，即今中山堂廣場
之上。

　　台北盆地在五千年前爲海，然後慢慢變爲湖。三百年前，湖泊尙在，但也慢慢地乾涸變爲陸地。日治時代，台北城內尙有許多小湖又名埤，或稱爲海蹟河，從圖中可見。故台北的地名之中，常見有「埤」字，如雙連埤、龍安埤、永春埤等。

　　台北城郊外竹林甚多，日治時代曾經要求人民將竹林砍掉，表面上的理由是怕竹林內有蚊子，因而傳染瘧疾，實際的理由卻是怕人民以竹子製武器因而「揭竿起義」。圖中日軍步隊集結於台北城北門外不遠之地。

現今景觀

    日軍統治台灣初期，進入台灣的中國大陸帆船很多，日人稱此為「帆船貿易」。當時日人採漸進方式來從事貿易，至大正時期就罕見大陸帆船的蹤跡。但是舊港、公司寮、鹿港等仍被指定為特殊貿易港，以進行帆船貿易。

台北城內光景

　　自清光緒元年（一八七五年）船政大臣沈葆楨提議建造台北城，百餘年來滄海桑田、日新月異，超越台南府城，成為台灣首府。台北府城，城廓外形成南北長方形，城廓周圍約長四公里，城牆寬度可讓兩個騎馬之兵並行。日人領台之初，城內四分之一為房舍，餘為田地。

　　台灣地處亞熱帶，都市的街道大多設有亭仔腳，即今之騎樓。圖中位於古台北西門街（西門）的傳統商街。

　日治之初爲台北州廳，是否爲清代的淡水將署尙待考證，今已無存。原址約於台北新公園東邊，門前一對石獅在廢除改建後，將它移至台北新公園，以資紀念。

現今景觀

　　東門又名「景福門」，日治時代，改東門爲正門，因日本以太陽昇起的方向爲正方之故。東門的建築特色與北門相似，外觀宛若一座堅固的砲台；而與北門不同的是東門屋簷下有綠釉空心花磚裝飾。當初的東門已被改建成現今北方宮殿式的城樓，風貌不再。

戰爭篇

● 黑旗兵與日軍交戰圖　　（明治二八年日人所繪）

　　佐世保近長崎，位於九州。日軍臨時搭建布幕，舉行盛大的佐世保歡迎會，歡送將要遠征侵台的日軍，以炫耀皇威。

　　日帝海軍擁有三大軍港，橫須賀、吳、佐世保港及其他重要海港。圖中是位於九州的佐世保軍港。日軍取得甲午戰役勝利之後，欲積極掌控南方制海權而侵略台灣島。於清光緒二十一年三月五日（一八九五年）集結侵台軍艦待命攻台。

在日軍大將比志島義輝率領下侵略澎湖，以現代軍事火力奪取澎湖群島。當時日本軍官流行八字鬍明治初期海軍制服著深色系，夏季更換白色褲子，日軍佔領後，於清光緒二十一年（一八九五年）五月十三日舉行新舊司令官交接。

136

　　清光緒二十一年（一八九五年）當中國戰場結束前，日本積極策劃發動攻台準備。同年三月
十五日日軍結合侵中國將校，在廣島作戰大本營編制混合支隊與連合艦隊，於九州佐世保軍港起
錨。

日軍凱旋慶功宴

　　自古以來，日本稱呼中國爲天朝，至聖得太子赴唐求教以來，悠久歲月，深受中國影響。但
一場甲午戰爭卻打醒了日帝，從此橫行亞洲，不再朝貢，甲午之役成了中國近代最大之恥。圖中
日帝於明治二十八年（一八九五年）於東京日比谷，舉行盛大戰勝凱旋慶功宴，發人省思。

劉永福爲台灣民主國黑旗兵終極戰將,原清朝軍務幫辦、民主國大將軍。日軍攻台期間,嚴守南台灣卻不敵日本皇軍的洋火洋砲,最後求援無應,拋棄護國大業,留下歷史名言:內地諸公誤我,我誤台民。

　　今和平島爲明末福州人移民居住，名爲福州厝，後又稱社寮島。明朝天啟六年（一六二六年）荷蘭人佔據台灣後二年，西班牙人侵入菲律賓後，總督泰波拉（Tabara）以保護中國呂宋間貿易爲名，企圖佔領台灣北部。自呂宋北端阿巴利港，沿台灣東海岸前進，三日後抵達東北角，築城堡「聖薩爾多城」（San Salvador）於此島上，爲今番字洞。

現今景觀

清代末期北部基隆淡水都設有砲台；南部的台南打狗、東港，也設有現代化砲台，東石、布袋則無，爲日軍易於登台處。清光緒二十一年（一八九五年）六月由貢寮鄉澳底登陸攻入台北後，揮兵南下，島民隨之發動保衛鄉土政策，日本雖擁有新式武器卻死傷慘重。日軍再度於澎湖集結研商戰策，同年十月十日，由皇族伏見率混成第二師第四旅團，從基隆出發登陸布袋嘴，準備進攻駐守台南府的劉永福，途中遭到義勇軍奮力抵抗。

現今景觀

143

　　清同治年間，福建船政大臣沈葆楨來此，請外人建置東港砲台，但未曾發揮功能。日陸軍第二師團第三旅團及第四聯隊佔領東港，在海軍的掩護下展開侵略，而後受屏東縣六堆客家人的抗日游擊隊頑強抵抗，雙方後經談判終結戰爭。

現今景觀

　　從台北至彰化，清朝的正規軍隊很少，多爲抗日游擊隊。當時日軍第二師團野戰砲隊於台南郊外的曾文溪遇上劉永福的黑旗軍，日軍動用野戰砲隊及Arm　Strong大砲攻擊，黑旗兵敗走，民主國大將（前清國務督辦）劉永福溜之大吉，拋棄子弟兵。日軍山口少將，順利進駐台南府城佔領古都。

146

147

　　今台南縣鹽水鎮（原名鹽水港）當時劉永福的黑旗兵與日軍正面迎戰，不幸慘敗，屍體橫佈，情況悲慘，但其英勇抗日精神，令後人景仰不已。

　　日軍侵台戰役中嚐到台灣人民勇猛抵抗，日軍死傷大於中國戰場，不得不另定南進作戰計畫施以三面圍攻方式。黑旗兵雖然戰敗，台灣南北都歸日軍控制，但各地的抗日游擊隊仍然活動，日方大傷腦筋。

日艦秋津洲號

　　當馬關條約未簽定發布之際，日軍急欲強行佔領澎湖諸島，其最大戰略考慮因澎湖是中國與台灣的中繼港，如取得澎湖，亦更有效控制雙方軍政命脈，圖中秋津洲號日艦在攻擊侵略行動中，以現代化火砲，不斷攻擊澎湖群島軍事要地，為日帝立下汗馬功勞。

　　日人自古以來航海技術就相當發達，明清時代所謂的倭寇騷亂，沿海到處搶劫，惡名昭彰，明治維新軍事西化，造就強大的洋式戰艦，曾經打敗中國與蘇俄。清光緒二十一年（一八九五年）三月二十三日上午九點二十分左右，主力艦松島升上戰旗，射擊澎湖，朝裡正角方向前進，守軍於九點四十分前後，自拱北砲台反擊，揭開澎湖戰役序幕。圖為日軍主力戰艦松島，砲擊大城山砲台實景。

下午一點十分，日艦松島（左）發射攻擊，右方為日艦嚴島。

下午一點十五分日主力艦松島再射擊情形，左邊爲橋立艦。

日艦攻擊拱北砲台

　　下午一點二十分右方射擊是嚴島艦，中央大艘船是松島艦，兩艦中央為浪速艦，左方是橋立
艦等；以密集火力攻擊媽宮大城山拱北砲台。

　　清光緒十三年（一八八七年）開始修築媽宮城。翌年即展開修築澎湖要塞據點，前後共新建金龜頭、天南砲台等，加強安裝新式砲座，計有拱北、媽宮城東角砲台，漁翁島南端東砲台，西砲台等。光緒二十年（一八九四年）爆發朝鮮東學黨之亂，引起清日甲午戰爭之際，澎湖軍總兵周振邦在戰況危急之刻，增兵達十三營三哨，及保護糧食百餘人，分派駐離島達二營之多。日軍抵達澎湖之後攻擊清軍軍事要塞，清兵卻無力反擊。

　　光緒二十一年（一八九五年）三月二十三日，當日軍以集中火力射擊大城山砲台之餘，積極準備登陸澎湖裡正角，在二十三日當天十二點已經準備就緒，待命搶灘。當時日軍應用現代化軍事手法，在海陸二軍配合下，先以強大激烈射擊澎湖守軍，然後應用火力掩護下，利用小型登陸船進兵媽宮府。

日軍於同年三月二十三日下午二點左右，強行登陸澎湖裡正角的珍貴鏡頭。

拱北砲台之一

　　日軍二十三日順利取得裡正角，當時守軍駐隘門之幫帶梁化悅，未能有效反擊日軍，反而請求媽宮守軍周振邦援助。緊急之餘，周聯絡圓頂山駐軍朱上泮，要求共同會戰被拒。周振邦大怒，隨即去電巡撫唐景崧後，親自率兵至太武山和梁化悅抵抗日軍。入夜之後，朱上泮帶來援兵前進大城北西方高地，在拱北砲台附近集合。翌日（二十四日）拱北砲台失陷，朱敗走白沙灣，周亦倉皇棄城逃亡，退回台灣。澎湖兵去樓空，日軍死傷約30人，感染疾病死亡者達千餘人。

現今景觀

日軍在佔領拱北砲台所拍攝之鏡頭

一八九五年日軍攻台將校人物

• 日軍近衛師團長及二位少將

• 日軍近衛師團長及軍官

• 日軍侵略澎湖之將校

• 侵台第二師團長乃木中將及其餘將校

• 台灣首任總督樺山資紀與民政局長水野遵

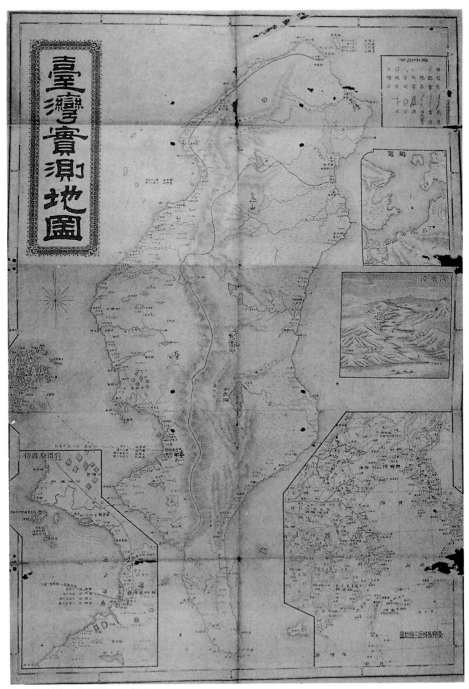

• 台灣地圖（清光緒二十年）

日本統治台灣五十年紀事

征台之役到統治

　　日本對台灣之統治，可以說是日本對異民族統治的初次經驗，同時也是以台灣爲據點，發動其南進政策的開始。台灣總督府的第一回預算一五〇萬圓，約等於當年日本政府預算的十分之一，與首都東京市的預算同格。當時，一部分人主張「北守南進論」，含有武力擴張的語韻，但直接參與統治台灣的要員們所構想的，卻希望在經濟和文化方面有更多的收穫。而具體的施政，也是配合這種構想。

　　自明治以來，日本涉及台灣，是明治六、七年間（一八七三、七四年）的所謂「征台之役」爲開端，日本政府以琉球漁民漂流到台灣海岸，遭當地土著殺害的事件爲藉口，派西鄉從道率領陸海軍進攻台灣。參加這次戰役有功的佐久間中尉，後來也當了台灣總督。

　　其次，便是一八九四年的中日甲午戰爭。結果清朝簽訂馬關條約割讓台灣給日本，於是，日本對台灣的統治開始了。日本派軍佔領台灣時，由於台灣民眾宣布獨立，群起抗日，使率領日軍的北白川宮能久親王遭到諸多苦難，甚至死於台灣。日本政府派海軍大將樺山資紀爲首任台灣總督，成立了台灣總督府。以下，來看看其統治台灣的軌跡。

　　樺山就任台灣總督，是一八九五年五月十日，因此，可以認爲總督府的施政，是從這一天開始。台灣總督府正式訂六月十七日爲始政紀念日，和創建所謂「台灣神社」（供奉北白川宮能久親王）的十月二十八日，同爲節日。這兩個節日，對日治時代居留在台灣的日本人（所謂內地人），是不能忘懷的日子。其後，日本對台灣的統治，如何漸漸形成鞏固和變遷，與歷任總督的行績有關連。

　　相傳明治天皇指示統治台灣的根本精神，是標榜「一視同仁」，但幾乎大部分的時候，都採恩威並行主義。到了二次大戰期間，在「內台融合」的名義下，獎勵「內台通婚」，禁止台灣人的祭祖，並強迫「改姓名」（即改爲日本式姓氏）。這些施政，使台灣民眾認爲是暗無天日和莫大的污辱。

不過，如第十三任總督石塚英藏，此人在兒玉總督時代曾與民政長官後藤新平並列為參事官長，參與律令制定的立案，後來當了總督，別人請他揮毫時，總是喜歡寫「和而不同」，他似乎主張互相尊重各民族的風俗習慣。以下，記述歷任總督之施政事蹟（括弧內是民政長官）。

歷任總督施政事蹟

第一任　樺山資紀（水野　遵）

任期一八九五年五月十日～一八九六年六月二日。鹿兒島縣人。施政方針——愛育、撫育，一視同仁，恩威並行，依次制定台灣總督府條例，同條例軍政及民政。施行領台善後，完成接受台灣，武力平定。公佈租稅減免，制定地方官官制，確立委任立法制度，公佈以一八九六年三月三十日生效施行於台灣之有關法令，並自四月一日起施行。創設律令，及台灣總督府評議會，確立司法制度，設置地方法院，覆審法院，高等法院等三級審判制。警察制度，理蕃政策之訂定，設置醫院，制定鴉片制度。設立芝山岩學堂傳習日語；施行郵政電信制度；開始定期命令航線修改度量衡、財政金融制度，並修改舊稅制。大阪中立銀行在台灣設立分支機構。

第二任　桂太郎（水野　遵）

任期一八九六年六月二日～一八九六年十月十四日。山口縣人。公佈並實施台灣總督府臨時法院條令，規定政治犯由臨時法院審判。公佈實施台灣地租規則，根據舊慣加以徵收。設立日語學校及日語傳習所，建立台灣公醫制度。

第三任　乃木希典（曾根靜夫）

任期一八九六年十月十四日～一八九八年二月二十六日。山口縣人。實施台灣總督府特別會計。採用三段警備法，規定一等地、山間由憲兵、軍隊；二等地中間地區，由憲兵、警察；三等地村落、都邑，由警察擔任警備。訓練護鄉兵，公佈實施台灣鴉片令，斷然實施漸禁制度與鴉片專賣

制。修改地方官官制，擴充教育制度。民事訴訟調解機關與醫院之設置，公佈實施台灣總督官制（由於本官制之規定，以後限由陸海軍之大將或中將任命總督）。制定台灣紳章條規。新高山（玉山）命名。

第四任　兒玉源太郎（後藤新平）

　　任期一八九八年二月二十六日～一九〇六年四月十一日。山口縣人。設置警察官司獄官養成機關，修改法院條例，廢止高等法院，改為覆審法院及地方法院二級審判制。實施保甲制度，開發土地水利事業。調查地籍，整理大小租權。開辦饗老典與揚文會，制定地方制規則。高雄及基隆築港工程開工，公路鐵路之建設。設置府立醫院十所，創立總督府醫學校。創立台灣銀行，財政二十年計畫及財政獨立企畫，結果於一九〇五年提前實現財政獨立。公佈實施罹災救助基金規則，設定祭祀公業，禁止纏足，確立糖業政策，設置臨時舊慣調查會，創建台灣神社，整理各級學校，設立台灣教育會。確定鴉片政策，在漸禁政策下實施特許制度，施行衛生設施和專賣制度（鴉片、樟腦、鹽、煙草），鎮壓叛亂，理蕃事業，高山族調查事業，援助福建文化設施，援助福建台籍學校，育成新聞有關人員，制定地租規則，實施戶口普查（成為日本戶口普查之先驅）。

第五任　佐久間左馬太（祝　辰巳）

　　任期一九〇六年四月十一日～一九一六年五月一日。宮城（山口）縣人。其任期正值所謂「理蕃事業五年討伐」及其前後。設立農會，推行所謂「內地人農業移民政策」。發行彩票（前後共五回便停止）。在台北等重要城市建設地下水道，鐵路縱貫線全線開通，設立博物館。設置兒玉總督後藤新平民政長官紀念中央研究所，設置化學部、衛生部。開始採伐阿里山森林，及採伐後之造林事業，公佈實施產業公會規則。設立圖書館及松山療養所（肺結核療養所）。

第六任　安東貞美（內田嘉吉）

　　任期一九一六年五月一日～一九一八年六月六日。長野縣人。解決所謂「同匪事件」、「西來庵事件」、「新庄事件」。實施臨時戶口調查。

辦理台灣勸業共進會。總督府大廈竣工，實施宗教調查。八仙山、太平山森林採伐及伐後造林開始。鐵路宜蘭線及屏東線開工興建。開設商品陳列館。設立廈門博愛會醫院。舉行第一次對岸領事會議。

第七任　明石元二郎（下村　宏）

　　任期一九一八年六月六日～一九一九年十月二十四日。福岡縣人。創立台灣電力會社，並著手日月潭水力發電事業計畫。公佈實施台灣教育令，學校體系化。改革司法制度，恢復地方法院、覆審法院、最高法院的三級審判制。修訂地租規則。設立華南銀行。台北高等商業學校創立。在廣東設立福州博愛會院，及南洋倉庫株式會社。鐵路縱貫線中部海岸線開通。實施高山族調查事業。修改總督府官制（刪除總督任用資格）。

第八任　田健治郎（賀來佐賀太郎）

　　任期一九一九年十月二十九日～一九二三年九月二日。兵庫縣人。其標榜之施政方針為一視同仁、同化政策、延地延長主義。公佈實施台灣教育令，撤銷差別教育，實施共學制。嘉南大圳工程開工，實施地方自治制度。實施第一回國勢調查（全國普查）。設置農業倉庫。未等戶籍令的制定，便承認共婚制。廢除笞刑。解決委任立法問題（確立內地法施行原則政策）。公佈實施總督府評議會官制。中央研究所合併暨設立各種試驗所。修改學校組織法。設立高等學校（尋常科四年、高等科三年）。台灣史料編纂事業計畫。民事法令之實施及其制例，酒類專賣法的實施，設置業佃會（地主與佃農協調團體）。日本皇太子訪問台灣。次高山（大雪山）命名。

第九任　內田嘉吉（賀來佐賀太郎）

　　任期一九二三年九月六日～一九二四年九月一日。東京都人。改善鐵路建設。公佈實施公制法。調查設置自由港的可能性。

第十任　伊澤多喜男（後藤文夫）

　　任期一九二四年九月一日～一九二六年七月十六日。長野縣人。實施行政及財政整理。編列台北帝國大學創設預算。舉辦台灣美術展覽會。設

立台灣青果株式會社。改良米種，獎勵種植蓬萊米。米穀檢查業務直屬總督府。東部開發調查。東部鐵路開通。

第十一任　上山滿之進（後藤文夫）

任期一九二六年七月十六日～一九二八年六月十六日。山口縣人。救濟台灣銀行。台北帝國大學創立並開學。創立建功神社。日月潭水力發電廠工程因資金調度遭挫折而停工。

第十二任　川村竹治（河原稼吉）

任期一九二八年六月十六日～一九二九年七月三十日。秋田縣人。建設桃園大圳。宜蘭濁水溪治水工程開工。日月潭發電廠工程資金調度好轉，準備工程再開工，但因總督交接而一時懸案保留。

第十三任　石塚英藏（人見次郎）

任期一九二九年七月三十日～一九三一年一月十六日。福島縣人。日月潭水力發電廠工程復工。著手調查地租業務。嘉南大圳工程完成。霧社事件。召開臨時產業調查會。軍警分離計畫。議會解散預算不成立。設立癩病醫院（樂生院）。設立台南高等工業學校。

第十四任　太田政弘（高橋守雄）

任期一九三一年一月十六日～一九三二年三月二日。山形縣人。設置台北放送局（廣播電台）。霧社事件善後處理。蘇花公路修築完成。花蓮港築港工程開工。新理蕃政策之決定。大台北區都市計畫決定。

第十五任　南弘（平塚廣義）

任期一九三二年三月二日～一九三二年五月二十七日。富山縣人。設置糖業試驗場。

第十六任　中川健藏（平塚廣義）

任期一九三二年五月二十七日～一九三六年九月二日。新潟縣人。實施共婚法。整頓並實施各種法令。執行有關高山族人遷居及他規定之所謂「理蕃政策」。日月潭水力發電廠完成。修改地方自治制度。賦與選舉權。州市設議決機關，街庄置諮詢機關，半數官選半數民選。國租地方稅

之根本稅制整理調查完畢。地租調查完畢。台灣地租規則公佈施行。舉辦台灣始政四十年紀念博覽會及熱帶產業調查會。日台間定期航空運輸開始。建設台北松山機場。米穀自治管理，各種產業輔助設施之擴充。台灣拓殖株式會社公佈實施。

第十七任　小林躋造（森岡二郎）

　　任期一九三六年九月二日～一九四〇年十一月二十七日。廣島縣人。設立台灣拓殖株式會社。公佈實施台灣商工會議所令。開辦府政調查會修改教育制度。整理改革稅制。實施廳制。撤銷日台時差。新高港築港工程開工。建造基隆船塢。獎勵寺廟整修。獎勵改姓名。設置台灣臨時教育調查委員會。決定義務教育制自一九四四年起施行。指定大屯山、太魯閣、新高（玉山）、阿里山等三區為國立公園。實施米穀移出管制。廢止中央研究所。設立熱帶醫學研究所、農業試驗場。新竹及台中兩地遭受震災。

第十八任　長谷川清（齊藤樹）

　　任期一九四〇年十一月二十七日～一九四四年十二月三十日。福井縣人。

第十九任　安藤利吉（成田一郎）

　　任期一九四四年十二月三十日～一九四五年十月二十五日。宮城縣人。實施徵兵檢查及徵召役男。加強防禦設施。公佈實施所謂「台灣護國勤勞團令」。加強糧食管制及治安。組織所謂「皇民奉公會」、「國民義勇隊」。負責敗戰處理及日人遣返作業。

　　從以上所述歷任總督名單看來，日本軍部一向對台灣握有絕對的影響力和發言權。以下舉出歷任軍司令官的姓名，便不難看出日本中央軍部對台灣的重視。

　　第一任、明石元二郎。第二任、柴五郎。第三任、福田雅太郎。第四任、鈴本壯六。第五任、管野尚一。第六任、田中國重。第七任、菱刈隆。第八任、渡邊錠太郎。第九任、眞崎甚三郎。第十任、阿部信行。第十一任、松井石根。第十二任、寺內壽一。第十三任、柳田平助。第十四

任、畑俊六。第十五任、古莊幹部。第十六任、兒玉友雄。第十七任、牛島實常。第十八任、本間雅晴。第十九任、安藤利吉。

　　如上所述，以安藤利吉爲最後。巧的是，第一任的明石，和最後一任的安藤二位大將，都兼任台灣總督。吾人僅看了這些名單，便能想起「五·一五」及「二·二六」等改變日本歷史的事件周圍散見的人名。還有，如曾經率軍佔領廣州的古莊大將，和二次大戰戰敗後在馬尼拉軍事法庭慘死的本間大將等，都是屬於日本戰史上的名將。

文：衛藤俊彥
譯：黃得時

台灣文物

• 清光緒二十一年（一八九五年）五月二十九日軍自澳底登陸台灣
（約攝於西元一九二〇～一九三〇年）

• 宜蘭廳蘇澳、南方澳漁港　（約攝於西元一九二〇～一九三〇年）

174

● 基隆港 （約攝於西元一九二〇～一九三〇年）

● 淡水河景 （約攝於西元一九二〇～一九三〇年）

• 台灣特產藺草紙製作光景　（約攝於西元一九二〇～一九三〇年）

● 漢族取樟腦油 （約攝於西元一九二〇～一九三〇年）

● 台灣員外墓園　（約攝於西元一九二〇～一九三〇年）

● 台灣信仰廟會　（約攝於西元一九二〇～一九三〇年）

● 阿里山車站 （約攝於西元一九二〇～一九三〇年）

● 台灣信仰用銀紙（紙錢）（約攝於西元一九二〇～一九三〇年）

● 民間信仰風俗人物一　（約攝於西元一九二〇～一九三〇年）

● 民間信仰風俗人物二 （約攝於西元一九二○～一九三○年）

• 台灣特產鳳梨園盛況　（約攝於西元一九二〇～一九三〇年）

• 民間風俗嫁妝禮品　（約攝於西元一九二〇～一九三〇年）

● 台北豬隻屠宰場（建於大正十三年（一九二四年）（約攝於西元一九二〇～一九三〇年）

● 台灣信仰風俗神話車隊　（約攝於西元一九二〇～一九三〇年）

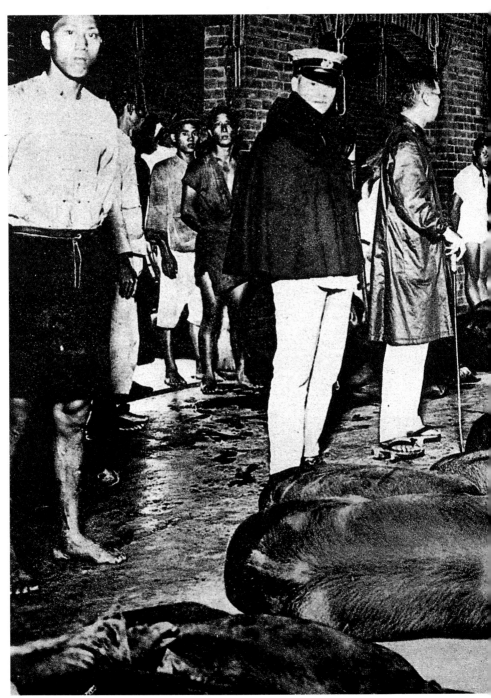

• 台灣豬隻養育盛況台北屠宰場一 （約攝於西元一九二〇～一九三〇年）

● 原住民採蓪草心供造紙用　（約攝於西元一九二〇～一九三〇年）

• 台灣結婚花轎 （約攝於西元一九二○～一九三○年）

• 台北城城隍廟慶典 （約攝於西元一九二○～一九三○年）

• 台灣美食甘蔗 （約攝於西元一九二○～一九三○年）

● 阿里山森林火車 （約攝於西元一九二〇～一九三〇年）

• 台灣鳳梨豐收盛況 （約攝於西元一九二〇～一九三〇年）

• 台灣特產美食香蕉 （約攝於西元一九二〇～一九三〇年）

● 台灣南部特產西瓜　（約攝於西元一九二〇～一九三〇年）

● 茶品選擇實況　（約攝於西元一九二〇～一九三〇年）

191

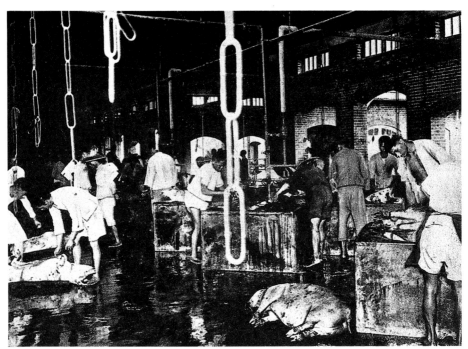

● 台灣豬隻養育盛況台北屠宰場二　（約攝於西元一九二〇～一九三〇年）

● 台北屠宰場盛況三　（約攝於西元一九二〇～一九三〇年）

• 台灣風俗弄獅團慶祝廟會盛況　（約攝於西元一九二〇～一九三〇年）

• 台北屠宰場內議價盛況　（約攝於西元一九二〇～一九三〇年）

• 排灣族豐年節飲酒助興 （約攝於西元一九二○～一九三○年）

● 布農族原住民編織 （約攝於西元一九二○～一九三○年）

● 阿美族少男壯士　（約攝於西元一九二〇～一九三〇年）

● 卑南族壯士　（約攝於西元一九二〇～一九三〇年）

● 太魯閣原住民美人照 （約攝於西元一九二○～一九三○年）

● 阿里山原住民之美嬌娘
（約攝於西元一九二〇～一九三〇年）

● 台灣茶園盛景　（約攝於西元一九二〇～一九三〇年）

● 阿美族豐年祭舞姿　（約攝於西元一九二〇～一九三〇年）

● 台中縣原住民泰雅族織布　（約攝於西元一九二〇～一九三〇年）

• 台灣南部特有鹽田　（約攝於西元一九二〇～一九三〇年）

日本統治台灣五十年之歷史年表

清光緒二十一年

一八九五年（明治二十八年）

四月十七日　中日馬關條約簽署。承認朝鮮獨立。割讓遼東半島、台灣、澎湖列島。

五月　十　日　日本派海軍大將樺山資紀任台灣總督。

五月廿五日　台灣民眾擁巡撫唐景崧為總統，宣佈台灣民主國獨立。二十九日日軍登陸台灣北部，六月七日佔領台北。唐景崧逃往大陸。

六月十七日　台灣總督府舉行始政式。

八月　六　日　日本陸軍部核定台灣總督府條例，實施軍政。

十月十九日　台灣民主國南部防衛負責人劉永福逃往廈門。日軍佔領台南。

一八九六年（明治二十九年）

一月廿九日　日政府宣佈平定台灣。並宣佈居住或來往台灣島之外國人民、船舶，均適用現行條約。

三月卅一日　公佈在台灣施行法令之有關法律。公佈拓殖務省官制。公佈台灣及內務省所管轄之北海道有關政務管理。撤銷台灣軍政。

五月　一　日　大阪商船（會社）大阪、台灣間航線營業開始。九月一日陸軍部下令日本郵船開闢神戶——基隆航線。

五月十八日　劉德杓在台東舉兵抗日。六月十四日雲林林義、柯鐵舉兵抗日。

六月　三　日　陸軍中將桂太郎就任台灣總督。

八月　六　日　總督府經憲兵隊、警察，告示戶口編制。

八月十六日　總督府制定台灣地租規則。

十月　一　日　總督府制定犯罪即決例，賦予警察署長及憲兵隊長執行拘留，科料等輕犯罪之即決權。

十月十四日　陸軍中將乃木希典就任總督。

一八九七年（明治三十年）

四月　一　日　公佈台灣銀行法。

六月廿八日　新高山命名。

十月　一　日　台灣高等法院院長高野孟矩，對企圖壓抑告發收賄事的乃木總督表示反抗，十二月十六日免職。

十月廿一日　總督府公佈官制，規定台灣總督任用資格限於陸軍大將或中將。

十月廿三日　日政府公佈「極付印」一圓銀幣（表面刻有銀字樣）承認在台灣作為公納及政府支付等用途。

一八九八年（明治三十一年）

一月廿六日　陸軍中將兒玉源太郎就任總督。

七月十七日　總督府制定台灣地籍規則，台灣土地調查規則。九月二日土地調查局開辦。

八月卅一日	總督府制定保甲條例(將人民以保甲組織,課以連坐法,以利彈壓抗日活動。)
十月 八 日	籌備中的台灣鐵道會社,因募債未成功,向總督府申請延期登記。政府決定台灣縱貫鐵路由官方經營之方針。
十一月 五 日	總督府制定匪徒刑罰令,規定首魁、教唆、參與謀議者,及指揮者處死刑。
十一月 十 日	總督府決定將原來的民眾教育設施、書房義塾等漸次改善到公學校之水準。

一八九九年(明治三十二年)

三月廿二日	公佈台灣事業公債法。
三月卅一日	總督府公佈師範學校官制,養成台灣人教員。
四月廿六日	總督府制定台灣食鹽專賣規則。
六月廿二日	總督府發佈台灣樟腦專賣規則。
七月 五 日	台灣銀行設立。九月二十六日開業。

一九〇〇年(明治三十三年)

七月 一 日	台北及台南兩地設置公共電話。
七月十七日	台灣神社列入官幣大社。
十二月 十 日	台灣製糖會社設立。

一九〇一年(明治三十四年)

| 十月廿六日 | 公佈臨時台灣舊慣調查會規則。 |

一九〇二年(明治三十五年)

一月 卅 日	日英同盟協約簽署。
三月十二日	宣佈應在台灣施行之法令,法律第六十三號期限延期至一九〇五年三月底。
六月十四日	總督府制定台灣糖業獎勵規則。

一九〇四年(明治三十七年)

一月十二日	總督府制定罰金及笞刑處分例。
二月 十 日	日本向俄國宣戰,日俄戰爭開始。
七月 一 日	台灣銀行發行兌換黃金之紙幣。

一九〇五年(明治三十八年)

五月十二日	台灣全省實施戒嚴令。
五月廿五日	俄海軍波羅艦隊通過台灣東部海面。
五月廿七日	日本海海戰。
九月 五 日	日俄講和條約簽署。

一九〇六年（明治三十九年）
　　三月十七日　　台灣嘉義地方發生大地震，死者一千一百十餘人，房屋全倒四千二百餘戶。
　　四月十四日　　警察本署設蕃務課。
　　九月　三　日　　台灣總督府公佈即在關東都督府置顧問。都督府係依據內務大臣之奏請。

一九〇七年（明治四十年）
　　十月　一　日　　鐵路鳳山線開通。

一九〇八年（明治四十一年）
　　四月　廿　日　　縱貫線三義川、葫蘆墩間開通，基隆、打狗（高雄）間鐵路全線開通。
　　十月　一　日　　總督府制定台灣違警例。

一九〇九年（明治四十二年）
　　三月廿五日　　台北市自來水給水開始。
　　三月廿七日　　總督府制定高等女學校官制。
　　七月十一日　　台北下水道工程完成。

一九一〇年（明治四十三年）
　　六月廿二日　　公佈拓殖局官制。該局直隸內閣總理大臣，統理台灣、庫頁島、韓國，及除外交事務以外之關東州事項。
　　八月廿二日　　日本併吞韓國，日韓條約簽署。
　　十月　三　日　　帝國製糖會社設立。一九四〇年併入大日本製糖會社。
　　十月　六　日　　台灣製糖等五會社成立台灣糖業聯合會，以後變更爲日本糖業聯合會。

一九一一年（明治四十四年）
　　四月　一　日　　政府公佈貨幣法在台灣及庫頁島施行。
　　八月廿六日　　暴風襲擊台灣南部，房屋全倒二百四十餘戶，災害甚大。

一九一二年（大正元年）
　　二月廿五日　　總督府禁止中國人及台灣民衆團體稱爲會社。
　　七月　卅　日　　明治天皇駕崩。
　　八月廿八日　　暴風雨襲台灣，台北等三市全倒房屋達一千一百餘戶。
　　十月　一　日　　開闢南洋航線。

一九一三年（大正二年）
　　二月廿六日　　台北郵局失火燒毀。
　　四月　十　日　　公佈傷寒防治規則。

| 八月十二日 | 阿里山檜木運往東京試銷。 |
| 十月 | 羅福星等人在新竹計畫起義抗日失敗。十二月四日羅等十二人判死刑。苗栗事件。 |

一九一四年（大正三年）

四月十八日	總督府定「蕃人公學校規則」，做爲山地初等教育機關之單行法。
八月廿三日	日本向德國宣戰。
十一月 一 日	日本銀行在台銀存入資金做爲南方外匯資金。

一九一五年（大正四年）

二月 三 日	總督府開始在台灣設置公立中學校，爲最早之公立男子中等教育機關。
五月 一 日	陸軍大將安東貞美就任總督。
六月廿五日	總督府大廈新建工程舉行上樑典禮。
七月 六 日	台南礁吧哖民眾起義抗日，參加者約二千五百人，前後延續十個月的西來庵事件。

一九一六年（大正五年）

四月廿七日	南洋協會台灣支部設立。
十一月 七 日	各學校奉藏天皇照片舉行典禮。
十一月 廿 日	台灣銀行開始信託存款業務。

一九一七年（大正六年）

一月 五 日	中部大地震，死者五十人，房屋全倒一千餘戶。
一月 廿 日	日本興業銀行締結對台灣銀行、朝鮮銀行，及交通銀行提供五百萬圓貸款之契約。爲西原貸款之始。
九月廿八日	日本興業銀行締結對台灣銀行、朝鮮銀行，及交通銀行提供二千萬圓貸款之契約。
十二月十八日	公佈台灣新聞紙令。

一九一八年（大正七年）

六月 六 日	陸軍中將明石元二郎就任總督。
八月 二 日	日本政府宣佈出兵西伯利亞。
十月 一 日	中央山脈橫貫公路開通。
十一月 五 日	流行性感冒蔓延，台北市內各學校停課五日。

一九一九年（大正八年）

| 一月 四 日 | 公佈台灣教育令，將專供台灣民眾子弟之教育機關系統化。 |

| 七月卅一日 | 台灣電力會社設立。 |
| 十月廿九日 | 任命田健治郎爲台灣總督,爲第一位文官總督。 |

一九二〇年(大正九年)

一月十一日	留居東京之台灣留學生成立新民會。次年一月三十日以新民會爲中心,提出設置由台灣民衆公選之台灣議會之請願。
六月十六日	台北公營當鋪開始營業。
八月 一 日	公佈台灣所得稅令。

一九二一年(大正十年)

四月 九 日	文部省(教育部)宣佈,朝鮮、台灣、庫頁島及關東州之中學,高女所行之專門學校入學檢定考試,與日本國內所行者具相同效力。
四月廿八日	笞刑處分廢止。
十月十七日	台灣文化協會成立。林獻堂任總理。
十二月十一日	公佈台灣正米市場規則。

一九二二年(大正十一年)

二月 六 日	修訂公佈台灣敎育令。與日本人共學爲基本,除普通學校、公學校以外之所有與日本國內之各學校令準據。
四月廿三日	台北高等學校(官立)首次入學典禮。爲台灣第一所高等敎育機關。
五月 五 日	公佈酒類專賣令。
十一月 三 日	台灣產業組合設立。

一九二三年(大正十二年)

| 九月 一 日 | 日本關東大震災。 |
| 九月 六 日 | 內田嘉吉就任台灣總督。總督府設置東部地方震災救助事務部。 |

一九二四年(大正十三年)

| 四月廿四日 | 批准台灣正米市場。一九二八年六月五日開場。 |
| 九月 一 日 | 伊沢多喜男就任台灣總督。 |

一九二五年(大正十四年)

四月廿二日	公佈治安維持法,五月八日公佈治安維持法在朝鮮、台灣,及庫頁島施行。五月十二日施行。
六月十七日	舉行第三〇回始政紀念典禮,在台北舉辦紀念展覽會。
九月 一 日	台灣銀行股東常會,損失整理案解決。
九月十七日	大藏省(財政部)下令朝鮮銀行及台灣銀行降低資金貸款利率。

一九二六年（昭和元年）
　　一月十二日　　公佈收音機收聽規程，規定收音機登記費爲一圓。
　　三月廿七日　　台灣東部鐵路開通。
　　七月十六日　　上山滿之進就任總督。
　　十二月廿五日　大正天皇駕崩。

一九二七年（昭和二年）
　　一月 三 日　　台灣文化協會會員大會，主導權轉移至左派。七月十日林獻堂等人另成立台灣
　　　　　　　　　民衆黨。
　　三月　　　　　金融恐慌開始。
　　三月廿六日　　台灣銀行通告鈴木商店，停止新貸款。
　　四月十三日　　內閣會議決定發佈緊急勅令，由日本銀行緊急貸款援助台銀危機。十七日遭樞
　　　　　　　　　密院否決，若槻內閣總辭職。
　　四月十八日　　台灣銀行除本行及台灣境內之各行外，所有在外分行全部暫停營業。
　　五月 九 日　　公佈有關對台灣金融機關之資金融通之法律。台銀各分行恢復營業。
　　七月十九日　　內閣會議，決定台灣銀行之整理案。

一九二八年（昭和三年）
　　二月十九日　　台灣工友總聯盟成立。
　　三月十七日　　設立台北帝國大學。
　　六月 四 日　　張作霖爆死事件。
　　十月 六 日　　共產黨書記長渡邊政之輔，在基隆被警方追捕中自殺。

一九三〇年（昭和五年）
　　十月廿七日　　霧社事件，日人一百三十六人被殺，政府出動軍隊鎮壓。

一九三一年（昭和六年）
　　一月十六日　　台灣總督石塚英藏因霧社事件引咎辭職。
　　二月十八日　　總督府對台灣民衆黨下解散命令。
　　四月 一 日　　總督府在高雄設置台灣海洋觀測所，成爲熱帶海洋研究所之先驅。
　　八月十八日　　九一八事變。

一九三二年（昭和七年）
　　三月 一 日　　僞「滿州國」建國宣言。
　　五月十五日　　五·一五事件。

一九三三年（昭和八年）

　　三月廿七日　　　日本脫離國際連盟。

一九三五年（昭和十年）
　　四月　一　日　　　台灣自治律令公佈。

一九三六年（昭和十一年）
　　二月廿六日　　　　二・二六事件。
　　六月　三　日　　　台灣拓殖株式會社法公佈，十一月二十五日設立。

一九三七年（昭和十二年）
　　七月　七　日　　　蘆溝橋事件，中國開始全面抗戰。

一九三八年（昭和十三年）
　　四月　一　日　　　日本政府發佈國家總動員法。
　十二月廿三日　　　　內閣會議決定新南群島編入領土，十二月二十八日置於台灣總督府之管轄下。

一九三九年（昭和十四年）
　　五月十二日　　　　Nomonhan事件。

一九四〇年（昭和十五年）
　　九月廿七日　　　　日德義三國同盟簽署。
　十二月　二　日　　　總督府設立天然瓦斯研究所，係殖產局附屬研究所升格。

一九四一年（昭和十六年）
　　三月廿六日　　　　修訂公佈台灣教育令。廢止小學校、公學校，一律改為國民學校。
　十二月　八　日　　　日本向英美宣戰。太平洋戰爭起。

一九四二年（昭和十七年）
　　六月　五　日　　　中途島海戰。

一九四三年（昭和十八年）
　　二月　一　日　　　日軍由Quadalcanal島撤退。
　　九月廿三日　　　　內閣會議決定自昭和二十年（一九四五年）起在台灣實施徵兵制度。

一九四四年（昭和十九年）
　　十月廿五日　　　　神風特別隊（自殺飛機）首次出擊。

一九四五年（昭和二十年）
　　八月　六　日　　　美軍在廣島投擲原子彈。
　　八月十五日　　　日本無條件投降。

文：衛藤俊彦
譯：黃得時

中文參考書籍

一六〇〇～一九三〇台灣史　　山崎繁樹‧野上矯介合著　　武陵出版社民國七七年

台灣武裝抗日秘史　　喜安幸夫著　　廖祖堯譯　　民國八一年

雞籠早期風情畫　　基隆市政府出版　　民國七七年

台灣歷史閱覽　　李筱峰‧劉峰松合著　　自立報系出版　民國八三年

走過從前　澎湖懷舊照片專輯　　澎湖文化中心出版　　民國八四年

澎湖縣誌　李紹章編修　　澎湖縣政府出版　　民國七七年再版

澎湖縣誌文化志　　謝有溫編修　　澎湖縣政府出版　　民國六七年

台灣古蹟全集　　戶外生活雜誌社出版　　民國六九年

滄海桑田話基隆　　洪連成著　　基隆文化中心出版　　民國八二年

台灣建築史　李乾朗著　　北尾出版　　民國六八年

台灣全記錄　　錦繡文化出版　　民國八一年

攝影台灣　雄獅圖書出版　　民國八二年再版

台灣人四百年史　　史明著　　蓬島文化出版　　民國七九年

基隆市志沿革篇　　基隆市政府編印　　民國四五年

東方兵事紀略　　姚錫光著　　清光緒二三年

日文參考書籍

日本地理風俗大系台灣篇　　仲摩照久編　　新光社出版　　昭和六年

中國美術年表　　山崎重久著　　藝心社出版　　西元一九八三年

凱旋紀念帖　　陸海軍軍士官素養會出版　　明治二七～二八年

日清戰史　　鹽島仁吉編　　明治二七～二八年

台灣征討史　　台灣懇話會出版　　明治二九年

日清戰爭　　興文社出版　　明治二七～二八年

武勇日本征清戰史上下　　穗波德明著　　大日本戰史部出版　　明治三三年

馬公之役　　過岡文助著　　明治二七年

台灣澎湖　　關口政治郎著　　明治二七年

明清戰爭寫眞圖　　陸軍陸地測量部出版　　明治二八年

明治二七～二八戰後寫眞帖　　龜井茲明著　　明治三〇年

征台軍凱旋紀念帖　　遠藤誠出版　　明治二八年

明清戰爭實況　　品評會名古屋出版　　明治二八年

朝日新聞百年重要紙面　　波多野公介編集　　朝日新聞社　　昭和五四年

明治之日本　　金令木敏夫發行　　讀賣新聞社　　昭和三五年

一億人的昭和史　　牧野喜久男編集　　每日新聞社　　昭和五五年

日本百年寫眞館　　八尋舜右發行　　朝日新聞社　　昭和六〇年

日本的歷史・大日本帝國之試煉　　隅谷三喜男著　　中央公庫　　昭和六三年

近代日本總合年表　　岩波雄二郎發行　　岩波書店　　昭和四三年

新日本史全五卷陸海軍篇　　武井文夫編輯　　萬朝報社　　大正一五年

日本史年表　　東京學藝大學日本史研究室編輯　　東京堂　　昭和五九年

日本的歷史　　井上清著　　岩波書店　　昭和四一年

日本的歷史・明治維新　　井上清著　　中央公庫　　昭和六三年

征清戰報　　石川縣公報　　明治二七～二八年付錄

台灣征討史　　始政四十周年紀念出版　　明治二九年出版（初版）

戰國寫眞畫報　　東京市祝捷大會出版　　明治二九年

日清韓開戰始末　　杉山　米吉著　　明治二七年

從軍日乘　　龜井茲常著　　明治三二年

後記

　　面對這分當初不可能完成的工作，心中有無限感慨。由最初只因少數珍貴圖片，引發了好奇心、求知慾，到後來展開計畫性地蒐尋時，才發現這條路布滿著荊棘。付出的金錢、體力、精神，絕非一位勢單力薄的文化工作者所能負荷。

　　編寫期間，曾多次赴日各地蒐集日軍記錄下的台灣影像史料，訪問日治台灣期間的總督後族。背負著笨重的大型相機，數次與攝影工作者黃送昌先生赴日翻拍製作，更遭遇四次申請文建會補助被拒。後雖經批准補助十萬元，但對於已投入大量精神物力的工作者而言，其已不復意義。故謝絕之，再次回到原點，執著於初衷。

　　多年前，日本中京大學教授及台灣研究專家不惜共同花費巨資，來台協助台灣省文獻會整理日治時代台灣總督府檔案，進行文化資產保護，並且拷貝一套帶回日本，供專家學者參考研究之用。反觀國內，不禁懷疑政府推動本土文化的誠意何在？

　　當開始進行澎湖與台灣本島歷史現場查證，工作其間碰到許多困境。每次都懷著期待、興奮的心去揭開歷史的神祕面紗，然而呈現在眼前的卻多為面目全非的古蹟或殘缺不全的舊物，自稱是擁有五千年文化的大國是如此對待台灣本土資產文化。印象最深刻者為「澎湖裡正角」，此地為當時日軍的登陸點，是一「古戰場」。在我初次造訪裡正角時驚措不已，因為古戰場已淪為蒼蠅漫天，惡臭四溢的垃圾場！佇立垃圾堆中，發思古之幽情，若不是手中握有這張百年前的影像，如何得知此地曾有著先人英勇抗日的事蹟。

爾後爲了拍攝影像中的原處，也多次嘗到閉門羹。澎湖群島各砲台中，只將西砲台列爲古蹟並供參觀，餘皆成爲軍事要地，不對外開放。但我們在多次請求下，終得以入內一探究竟，然而大家失望而歸，因已不復見其往日抵禦外敵的英姿，徒留下無奈的惋惜。

珍貴歷史圖片的蒐集，對整體文化保存重要性，遠勝於任何個人的獨自擁有。多年來，爲了尋找這批珍貴的鏡頭，在留日期間研究台灣美術教育，蒐集甲午戰爭前後的文史資料後；更花費無數次時間，來回台灣日本，埋首書籍資料及私人收藏中，整理出許多珍貴的文史影像。爲了讓台灣的子孫能清楚的知悉百年來的歷史發展，將這些費盡心思蒐集的圖版，整理並發表，呈現給台灣大衆，並完成我追念先民及補述歷史的心願。希望透過歷史圖片的說明，讓我們從回顧歷史的悲歡冷暖中，一方面追念先民情操，一方面放眼未來。

在毫無經援下，本書的集結感謝黃送昌先生義務赴日工作數次，台灣柯達公司贊助，使得本項蒐集的艱鉅使命得以完成。 另在編集過程之中，國立台北師範學院林曼麗敎授，助理林孟秋小姐，好友蔡漢勳，李亦興先生及全家人之鼓勵以及台灣國寶大師林衡道敎授悉心指點，恩師赤澤英二敎授，日本每日新聞社，佐藤貞夫先生伊澤龍介先生之協助，推動本次研究得以順利圓滿。特此致謝。希望本次圖版的付梓，能爲歷史見證，替未來點盞光亮，再次重新緬懷過去。

作者簡介

楊孟哲

1958年　出生於台灣省宜蘭縣
1984年　日本米山扶輪社獎學生
1985年　大阪藝術大學藝術學部攝影料畢業
1988年　國立東京學藝大學大學院美術教育學科碩士
1996年　國立台北師範學院美勞教育學系講師

國立中央圖書館出版品預行編目資料

```
臺灣歷史影像 = The historical images of
Taiwan / 楊孟哲著. -- 初版. -- 臺北市：
藝術家出版：藝術圖書總經銷，1996[民85]
    面；    公分
參考書目：面
ISBN 957-9530-19-X(平裝)


1. 臺灣 - 歷史 - 清領時期(1683-1895) - 圖
錄 2. 臺灣 - 歷史 - 日據時期(1895-1945) -
圖錄
673.227                          85001222
```

台灣歷史影像
THE HISTORICAL IMAGES OF TAIWAN

楊孟哲◎編著

發行人　何政廣
編　輯　王貞閔
出版者　藝術家出版社
　　　　台北市重慶南路一段 147 號 6 樓
　　　　TEL：（02）3719692~3
　　　　FAX：（02）3317096
總經銷　藝術圖書公司
　　　　台北市羅斯福路三段 283 巷 18 號
　　　　TEL：（02）3620578、3629769
　　　　FAX：（02）3623594
　　　　郵政劃撥：0017620~0 號帳戶
分　社　台南市西門路一段 223 巷 10 弄 26 號
　　　　TEL：（06）2617268
　　　　FAX：（06）2637698
　　　　台中縣潭子鄉大豐路三段 186 巷 6 弄 35 號
　　　　TEL：（04）5340234
　　　　FAX：（04）5331186
製　版　日茂彩色製版有限公司
印　刷　科樂彩色印刷有限公司

定　價　台幣 **350** 元
初　版　1996 年 3 月
ISBN　**957-9530-19-X**
法律顧問　蕭雄淋

版權所有・不准翻印

行政院新聞局登記第 1749 號